HEYNE

HORST KÖHLER

# »Offen will ich sein und notfalls unbequem«

Ein Gespräch mit Hugo Müller-Vogg

WILHELM HEYNE VERLAG
MÜNCHEN

*Umwelthinweis:*
Dieses Buch wurde auf
chlor- und säurefreiem Papier gedruckt.

Taschenbucherstausgabe 02/2006


Der Wilhelm Heyne Verlag, München, ist ein Verlag der Verlagsgruppe
Random House GmbH
www.heyne.de
Printed in Germany 2006
Umschlaggestaltung: Hauptmann und Kompanie Werbeagentur,
München - Zürich
Umschlagillustration: Christian Irrgang /Agentur Focus
Innenillustrationen: Laurence Chaperon
Druck und Bindung: GGP Media GmbH, Pößneck

ISBN-10: 3-453-60027-4
ISBN-13: 978-3-453-60027-0

# Inhalt

Zu diesem Buch

# Der Präsident, der von außen kam

Fünf Jahre dauert eine Amtszeit eines Bundespräsidenten. Das erste Jahr ist gemeinhin das der Antrittsbesuche, das fünfte das der Abschiede. Profil gewinnt das Staatsoberhaupt, wenn überhaupt, in der Mitte seiner Amtszeit.

Bei Horst Köhler, am 23. Mai 2004 von CDU/CSU und FDP zum ersten Mann im Staat gewählt, war das anders. Angetreten unter dem Motto, er wolle »offen und notfalls unbequem« sein, hat er sehr schnell Akzente gesetzt. Es begann damit, dass seine erste Auslandsreise nicht traditionsgemäß nach Frankreich führte, sondern nach Polen. Dort, wo er 1943 als Kind von zwangsweise umgesiedelten Deutschen zur Welt gekommen ist, wollte Horst Köhler ein Zeichen setzen: dass Polen neben Frankreich unser zweiter großer, wichtiger Nachbar ist. Wohl auch, dass die deutsch-polnische Freundschaft das Pendant zur deutsch-französischen bilden sollte.

Es sind eher Gesten, mit denen das formal ziemlich machtlose Staatsoberhaupt Politik machen kann. Dass Horst Köhler in seiner ersten Weihnachtsansprache den Blick auf die Not in Schwarzafrika legte, war auch so eine; schließlich war ihm dieser Kontinent schon in seiner Zeit als Geschäftsführender Direktor des Internationalen Währungsfonds ans Herz gewachsen.

Der neue Mann im »Schloss Bellevue« ist freilich mehr als nur ein Mann zarter Andeutungen. Er hat sich in seinem ersten Amtsjahr bereits kräftig eingemischt: So hat er das Luftsicherheitsgesetz, das den Abschuss von als terroristische Waffe missbrauchten Verkehrsflugzeugen erlaubt, erst nach langem Zögern unterschrieben und sogleich dazu aufgefordert, das seiner Meinung nach problematische Gesetz den Karlsruher Verfassungsrichtern vorzulegen. Dann hat er in einem Interview mit dem tabuisierten Irrglauben gebrochen, unterschiedliche Lebensverhältnisse – zwischen Nord und Süd wie zwischen Ost und West – ließen sich mit gutem Willen und noch mehr Steuergeldern einebnen.

Der Präsident hat zudem durch seine öffentliche Intervention verhindert, dass die rot-grüne Bundesregierung, um das Wachstum anzukurbeln, den »Tag der Deutschen Einheit« als gesetzlichen Feiertag abschafft. Schließlich hat er sich geweigert, den EU-Verfassungsvertrag zu unterzeichnen, solange die dagegen eingelegte Verfassungsbeschwerde eines Abgeordneten nicht endgültig beschieden ist. Das war eine ganze Menge Unbequemes für die ersten zwölf Monate.

Am deutlichsten war die bisherige Amtszeit geprägt von Köhlers Eintreten für Reformen. Den meisten Deutschen wird nämlich erst allmählich bewusst, welche tief greifenden Veränderungen und schmerzhaften Einschnitte noch notwendig sind, um den Sozialstaat wenigstens in seinem Kern zu erhalten. Der neue Präsident will bei diesem Prozess die Autorität sein, die Regierung und Parteien dabei Flankenschutz gibt. Deshalb hat er auch die »Agenda«-Politik Gerhard Schröders von Anfang an gelobt, nicht immer zur Freude von CDU/CSU und FDP.

Den notwendigen Sachverstand für die Reformbaustelle Deutschland bringt Horst Köhler mit. Denn als »Managing

Director« des Währungsfonds hat er sich mehr mit der Globalisierung auseinander gesetzt als die meisten deutschen Politiker. Vor allem aber hatte er nach sechs Jahren in London und Washington beim Amtsantritt einen Blick von außen auf dieses Land – auf seine unübersehbaren Schwächen wie die unverändert vorhandenen Stärken.

Als Reform-Präsident hat Köhler den schmalen Pfad zwischen allgemeinen Äußerungen zur Lage des Landes und konkreten Vorschlägen für die Gesetzgebung, die nicht Sache des Staatsoberhauptes sind, nie verlassen. Dennoch hat er sich in den Geruch der Parteilichkeit begeben, als er seine »Vorfahrt für Arbeit«-Rede im März 2005 ausgerechnet vor unternehmerischem Publikum hielt. Dass manchem Gewerkschafter nicht wohl dabei ist, wenn eine Vollversammlung der Bosse dem Präsidenten stehend Ovationen darbringt, ist verständlich. Dabei hatte Köhler auch kritische Worte an die Adresse von Unternehmern und Arbeitgebern gerichtet.

Nichts liegt dem Ökonomen Köhler wohl so sehr am Herzen wie die wirtschaftliche Gesundung des Landes. Vor allem deshalb hat er am 22. Juli 2005 dem Wunsch des sozialdemokratischen Kanzlers entsprochen und durch die Auflösung des Bundestags den Weg für Neuwahlen frei gemacht.

Man hätte sich vorstellen können, dass ein Staatsoberhaupt das »getürkte« Misstrauensvotum der rot-grünen Bundestagsmehrheit gegen Gerhard Schröder anders bewertet, dass ein Präsident es nicht einfach hinnimmt, wenn die Parteien schon Kanzlerkandidaten benennen und Wahlprogramme beschließen, noch ehe überhaupt feststeht, wie das Staatsoberhaupt entscheidet. Es war die mit Abstand schwierigste Entscheidung, die Präsident Köhler bisher zu treffen hatte: abzuwägen zwischen dem Wohl des Volkes und der Verfassung.

Er hat letztlich eine politische Entscheidung getroffen,

um den Schaden abzuwenden, den er und viele andere für den Fall befürchtet hatten, dass sich die rot-grüne Bundesregierung noch bis zum Herbst 2006 durchgeschleppt hätte – innerlich zerstritten und ohne Kraft zu neuen Taten. Dass wieder regiert werden kann, das war dem Staatsoberhaupt letztlich wichtiger, als den Parteistrategen auf die Finger zu klopfen, die den Präsidenten behandelten wie einen Automaten, bei dem man nur den Knopf »Neuwahlen« zu drücken braucht, um Neuwahlen zu bekommen.

Als er diese Entscheidung traf, war Horst Köhler, wie alle Umfragen zeigen, in den Augen der Bevölkerung das beliebteste und glaubwürdigste Mitglied der politischen Klasse. »Horst wer?«, hatte »BILD« Anfang 2004 gefragt, als Angela Merkel ihn überraschend als Kandidaten präsentierte. Inzwischen hat das Blatt ihn zum »Super-Horst« gekürt. So schnell ist noch kein anderer Politiker in der Gunst der Bevölkerung gestiegen.

Dabei geholfen hat seine offene, unprätentiöse Art. Er wirkt ungeachtet seiner 62 Jahre bisweilen geradezu jungenhaft, scheint trotz steiler Karriere er selbst geblieben zu sein: natürlich und freundlich, ein Mann, der durchaus selbstbewusst ist, aber aufgesetzter Attitüden nicht bedarf. Auch seine Sprache ist auf erfrischende Weise »unpräsidial«, weitgehend frei vom üblichen politischen Pathos. Last but not least: Er lacht gern und ansteckend.

Bisweilen gewinnt man den Eindruck, als könne es dieses Kind kleiner Leute immer noch nicht richtig fassen, es so weit gebracht zu haben. Richard von Weizsäcker war zweifellos der präsidialste Präsident und Köhlers unmittelbarer Vorgänger Johannes Rau der pastoralste. Horst Köhler hingegen ist der Volks-Präsident, tritt so auf, wie die Bürger das bei »einem von uns« erwarten.

Ohnehin fügt sich Köhler nicht nahtlos ein in die Reihe der Bundespräsidenten. Er war nie Abgeordneter, Minister oder Ministerpräsident, empfand die Wahl nicht als Krönung einer politischen Karriere, nicht als überfälligen Dank seiner Parteifreunde.

Horst Köhler kehrte aus den Vereinigten Staaten zurück, um seinem Heimatland als höchster Repräsentant zu dienen. Warum wechselt jemand aus einer der einflussreichsten internationalen Positionen in ein eher zeremonielles Amt? Seit seiner Nominierung hat Köhler diese Frage immer gleich beantwortet: Er wolle dem Land, dem er so viel zu verdanken habe, etwas zurückgeben. Er spricht von der Ehre, die er empfinde, an der Spitze des eigenen Landes stehen zu dürfen. Und er scheut sich nicht, wider alle Gesetze der Political Correctness auszusprechen, was er fühlt: »Ich liebe dieses Land.«

»Dem Land etwas zurückgeben«, »Ehre«, »Liebe zu Deutschland«: Was sich altmodisch anhört, klingt bei Köhler durchaus glaubwürdig. Im Grunde war er sein ganzes Berufsleben lang ein Staatsdiener, als Beamter im Wirtschaftsministerium wie als Finanzstaatssekretär, stets an der Sache mehr interessiert als an der schnell verdienten Mark. Die Auszeit vom Staatsdienst, die Führung des Sparkassen- und Giroverbandes, endete nach fünf Jahren, als Bundeskanzler Kohl ihn zur Osteuropa-Bank nach London holte.

Der Wechsel zur Sparkassenorganisation hatte familiäre und auch finanzielle Gründe. Dass Geld für Horst Köhler aber eine vergleichsweise geringe Rolle spielt, zeigte sich bei seinem Wechsel zur Osteuropa-Bank; der war nämlich mit einer finanziellen Einbuße verbunden. Heute hat er netto nur noch die Hälfte von dem, was er beim IWF verdiente. Kein Bundespräsident muss darben. Aber um des Amtes willen auf Geld verzichtet hat noch keiner seiner acht Vorgänger.

Was andere gern als Dienst am Gemeinwohl beschreiben, das bringt der gelernte Schwabe Köhler auf eine ganz praktische Formulierung: Es soll den Menschen besser gehen, und er will dazu seinen Teil beitragen. Darum ging es ihm als wirtschaftspolitischem Denker in Bonn, als Staatssekretär im Finanzministerium und nicht zuletzt beim IWF. Vor allem das Elend in Schwarzafrika trieb ihn an. Dabei scheute er nicht vor harten Worten an die Adresse der reichen Länder zurück.

Wie sehr das Schicksal von Menschen von der Politik abhängt, das hat der Bundespräsident im eigenen Leben erfahren. Er kam in dem von der Wehrmacht besetzten Polen auf die Welt. Die Vertreibung der Familie aus Rumänien kennt er nur aus Erzählungen. An die Flucht aus der DDR dagegen kann er sich erinnern, ebenso an das harte Leben in Flüchtlingslagern. Die Zeit, als es in der alten Bundesrepublik wirtschaftlich wieder aufwärts ging, ist ihm sehr wohl präsent. Es waren jene Jahre, in denen Millionen von Köhlers teilhaben konnten am viel gerühmten Wirtschaftswunder.

So kommt bei Horst Köhler zur wirtschaftlichen Kompetenz das Gespür für die so genannten kleinen Leute. Er ist selbst in einer Familie groß geworden, wo jede Mark zweimal umgedreht werden musste. Bei dem einen oder anderen seiner Brüder ist das heute noch so. Auch legt ein Vater, der hilflos miterleben muss, wie seine Tochter im Teenager-Alter allmählich erblindet, als Präsident nicht leichtfertig die Axt an den Sozialstaat.

Horst Köhler ist ein unabhängiger Kopf. Wenn er aus sachlichen Gründen eine Kontroverse für unausweichlich hält, dann kommt es eben dazu. Wenn er meinte, anecken zu müssen, dann tat er es – im Ministerium wie im Kabinett, als Vertreter Deutschlands in internationalen Verhandlungen wie beim Währungsfonds.

Der Ökonom Köhler ist letztlich von der CDU-Vorsitzenden Angela Merkel als Bundespräsident durchgesetzt worden. Daraus wurde bereits geschlossen, hier habe eine potenzielle Reform-Kanzlerin sich der künftigen Unterstützung eines Reform-Präsidenten versichern wollen. Sich vereinnahmen, gar instrumentalisieren zu lassen ist seine Sache indes nicht. So wie Gerhard Schröder sich mit einem eigenständigen, unabhängigen Präsidenten abzufinden hatte, wird das auch bei künftigen Kanzlern sein.

Horst Köhler hat sich im Frühjahr 2004 auf diesen Gesprächsband eingelassen. Die Deutschen sollen sich umfassend darüber informieren können, wer ihr Präsident ist, was ihn antreibt, was ihn umtreibt. Das Buch ist als Resultat aus acht ausführlichen Gesprächen entstanden. So umfassend wie hier hat sich Horst Köhler nirgendwo anders geäußert, weder zu Privatem noch zu Politischem.

Der Befragte hatte – wie bei jedem Zeitungsinterview – die Möglichkeit, seine Antworten im Nachhinein zu redigieren. Das ist aus journalistischer Sicht manchmal bedauerlich, hat für die Leser jedoch einen unschätzbaren Vorteil: Die Aussagen sind authentisch. Es gilt das gedruckte Wort – das Wort des Bundespräsidenten.

Bad Homburg, im Juli 2005
Hugo Müller-Vogg

# 1
# Werte und Motive

## »Dem Land etwas zurückgeben«

*Bei Ihrem ersten öffentlichen Auftritt nach Ihrer Nominierung haben Sie gesagt: »Ich bin Köhler.« Erklären Sie mir bitte: Wer ist dieser Horst Köhler?*

Die Antwort liegt, denke ich, zu einem guten Teil in meiner Biographie. Einer Biographie, in der sich die vergangenen 60 Jahre deutscher Geschichte auf exemplarische Weise widerspiegeln: Krieg, Flucht, immer wieder neue Anfänge, sozialer Aufstieg. Das war kein leichter Weg. Geholfen hat mir der Zusammenhalt in einer Familie mit acht durchaus unterschiedlichen Kindern. Das hat uns alle geprägt, jeden auf seine Art. Heute geben mir diesen Rückhalt vor allem meine Frau Eva und meine zwei Kinder.

*Was hat Sie angetrieben, was treibt Sie an?*

Vor allem meine Neugier, die heute noch genauso groß ist wie in meiner Kindheit. Dann das Streben nach sozialer Gerechtigkeit, das mir durch meine Biographie eingeimpft worden ist, genauso wie das Gefühl von Freiheit und Solidarität in der Familie. In politischen Fragen hat mich von Anfang an das Konzeptionelle interessiert, die langfristige Sicht der Dinge. Ich habe mich nie gescheut, eine Vision für meine Aufgaben zu definieren. Heute treiben mich vor allem Dankbarkeit gegenüber Deutschland und die Sorge um die Zukunft unserer Kinder an. Aber meine Vorstellung, wie sich etwas langfristig entwickeln könnte, meine Fernziele haben mich nie davon abgehalten, hier und jetzt ganz konkret zu arbeiten. Wahrscheinlich ist diese Kombination aus langfristigem Denken und kurzfristigem konkretem Handeln irgendwie charakteristisch für mich. Ich bin eigentlich nie taktisch vorgegangen in dem Sinne, dass ich zuerst gefragt habe, was kriege ich oder was bringt mir das?

*Zum Beispiel?*

Als ich mich 1980 entschied, vom Wirtschaftsministerium in Bonn als Referent zum damaligen schleswig-holsteinischen Ministerpräsidenten Gerhard Stoltenberg zu wechseln. Etablierte Bonner Kollegen sagten mir damals, das bringt dich in deiner Karriere nicht weiter. Kiel, so meinten sie, das wäre im besten Fall ein Umweg, wahrscheinlich sogar eine Sackgasse. Aber ich bin dennoch zu Stoltenberg gegangen. Die Gründe lagen zum einen in der Persönlichkeit Stoltenbergs und zum anderen darin, dass wir beide weitgehend darin übereinstimmten, was gut ist für Deutschland. Mir war schon bewusst, dass der Weggang von Bonn nach Kiel nicht ohne Risiko war. Aber ich bin dieses Risiko ganz bewusst, aus ganzem Herzen eingegangen, weil Stoltenberg und die Richtung seiner Politik mich überzeugten. Dass sich dieses Risiko letztlich als große Chance herausstellte, das konnte ich damals noch nicht ahnen.

*Versuchen wir, den Menschen Horst Köhler näher zu ergründen. Welche Etiketten treffen zu? Sind Sie ein »typischer Deutscher«?*

Wenn Sie Tugenden – manche sagen: Sekundärtugenden – wie Fleiß, Treue, Disziplin, Anstand oder Verantwortungsbewusstsein als typisch deutsch akzeptieren, dann fühle ich mich schon als typischer Deutscher.

*Die Deutschen neigen aber irgendwie zur Miesepetrigkeit und zum Pessimismus.*

Ich selbst zum Glück weniger. Ich bin meinen Lebensweg immer mit einem Schuss Optimismus und Humor gegangen. Glücklicherweise kann ich noch über mich selbst lachen. Das hilft manchmal.

*Es gibt den schönen Satz von Curt Götz: »Ziehe bei einem Menschen seine Humorlosigkeit ab und rechne mit dem Rest.«*

(Lacht.) Der Satz gefällt mir gut. Da kann ich zustimmen.

*Sie sind – unüberhörbar – im Schwäbischen aufgewachsen, in Ludwigsburg. Sind Sie auch mental, wie das auf Neudeutsch heißt, ein Schwabe?*

Die Familie meines Vaters besteht aus Ur-Schwaben, die es meines Wissens am Anfang des 19. Jahrhunderts nach Bessarabien verschlagen hatte. Und den Slogan »Schaffe, schaffe, Häusle baue ...« habe ich als junger Ehemann in Herrenberg-Mönchberg selbst in die Tat umgesetzt. Wichtiger scheint mir aber zu sein, dass sich in Baden-Württemberg bei mir die Einstellung herausgebildet hat, Probleme als Herausforderung zu sehen, sich ständig Veränderungen anzupassen. Vor allem das zeichnet die Schwaben aus, dazu bekenne ich mich.

*Die Schwaben propagieren ja noch etwas anderes: »Wir können alles außer Hochdeutsch.«*

Ja, das ist ein guter Spruch. Er drückt Selbstvertrauen aus und den Bezug zur Heimat, zur Tradition des Landes. Ich füge allerdings hinzu: Hochdeutsch sprechen zu können kann auch nicht schaden.

*Sind Sie ein Pflichtmensch?*

Ich weiß, was Pflicht ist und dass Menschenrechten auch Menschenpflichten gegenüberstehen. Ohne Pflicht kann die menschliche Gemeinschaft nicht auskommen. Ich bin aber auch ein Mensch mit Emotionen.

*Ist Horst Köhler ein Patriot?*

Wenn ich in Brüssel, Russland oder in den Vereinigten Staaten von Amerika verhandelte, wollte ich immer das Beste für Deutschland erreichen. Und das fanden meine Gegenüber auch gar nicht anstößig. Sie hatten dasselbe im Sinn für ihr Land. Ich habe darüber hinaus bei meinen vielen Reisen und bei meinem langen Auslandsaufenthalt auch beobachtet, dass sich die Menschen überall in der Welt mit etwas identifizieren wollen, das ihre Gefühle anspricht und räumlich abgrenzbar ist. Eine gute Beziehung zum eigenen Land, zu seiner Kultur und zu seinen staatlichen Symbolen fördert sogar Weltoffenheit. Ein gesunder Patriotismus ist für mich so auch Ausdruck des Selbstvertrauens einer Nation. Leider fällt das einigen von uns noch immer schwer.

*Patriot und Weltbürger – schließt sich das aus?*

Nein, überhaupt nicht. Ganz im Gegenteil. Zumindest wenn Sie unter »Weltbürger« Weltoffenheit verstehen. Wir sollten die Verschiedenartigkeit der Kulturen, Religionen und Traditionen als Reichtum unseres Planeten verstehen. Wenn wir diese Verschiedenartigkeit akzeptieren und respektieren, können wir die Globalisierung auch als Gewinn für alle Menschen entwickeln. Dies geht allerdings nur, wenn wir unserer eigenen Identität sicher sind. Nur wer sich selbst kennt, kann auch andere akzeptieren. Daraus folgt, dass sich in der globalisierten Welt Patriotismus und Weltoffenheit nicht nur nicht ausschließen, sondern sich tatsächlich glücklich ergänzen.

*Sie sind evangelischer Christ. Was bedeutet es, wenn Sie sagen: »Ich glaube an Gott«?*

Dies bedeutet für mich, dass es eine Instanz gibt, die über dem Menschen steht. Etwas Höheres, das mit dem menschlichen Verstand nicht zu erfassen und nicht zu erklären ist. Das ich aber brauche, um eine Ordnung in dieser Welt erkennen zu können. Dieser Glaube gibt mir die Zuversicht, dass diese Welt am Ende einen guten Verlauf nimmt. Ich persönlich habe Situationen erlebt und durchmachen müssen, in denen ich objektiv an Grenzen gestoßen bin, als wir beispielsweise mit der Erblindung unserer Tochter konfrontiert waren oder auch bei schwierigsten Verhandlungen im Beruf. In solchen Situationen habe ich mich an meinen Konfirmationsspruch aus Psalm 68 erinnert: »Gott lädt uns eine Last auf, aber er hilft uns auch.«

*Hatten Sie diesen Psalm selbst ausgesucht?*

Nein, das hat damals der Pfarrer gemacht, wohl mehr nach dem Zufallsprinzip. Aber dieser Konfirmationsspruch hat mir in meinem Leben immer wieder geholfen. Immer dann, wenn ich an Grenzen stieß, wenn ich mit etwas konfrontiert wurde, was ich nicht erfassen, nicht beurteilen oder steuern konnte. Im Übrigen gehörte es in unserer Familie auf eine vielleicht ganz naive Weise dazu, dass man an Gott glaubte und dass man an Ostern oder Weihnachten gut angezogen in die Kirche ging, selbst als kleiner Junge schon mit Krawatte.

*Gehen Sie heute häufig in die Kirche?*

Ich bin kein regelmäßiger Kirchgänger. Aber ich suche den Kontakt mit Gott, wenn mir danach ist.

*Unabhängig von Ihrer christlichen Orientierung: Sind Sie auch sonst ein Mann fester Grundsätze? Oder gehen Sie eher pragmatisch vor?*

Ich habe mir das Bewusstsein dafür bewahrt, was man tut und was nicht. Auch da hat mich meine Familie sehr beeinflusst. Wenn es in einer Familie acht Kinder gibt, lernt man, dass man dem Bruder oder der Schwester nichts wegklaut. Wir haben Zeiten erlebt, in denen es wenig zu essen gab. Da war es ganz selbstverständlich, dass wir das Wenige, das wir hatten, geteilt haben. Und zwar nicht so, dass man versuchte, den anderen übers Ohr zu hauen. Da hat es in unserer Familie gestimmt. Von dieser Erfahrung zehre ich noch heute.

*Nationalökonomen sagt man ja gern nach, dass sie theoretisch für alles eine Antwort haben, nur nicht für konkrete Probleme.*

Ich nehme für mich in Anspruch, nicht im Theoretischen oder Grundsätzlichen zu verharren. Die Menschen brauchen Lösungen für die ganz konkreten Probleme. In der Entwicklungspolitik zum Beispiel könnten Sie angesichts des Elends in vielen Ländern eigentlich verzweifeln. Das nützt den Menschen dort aber auch nichts. Da halte ich es lieber mit dem Philosophen Karl Popper, der sinngemäß gesagt hat: Frage nicht nach dem Weltuntergang, frage, was du hier und jetzt tun kannst, »um die Welt ein bisschen besser zu machen«. Vielleicht hat das, was ich schon in jungen Jahren erlebt habe – die Flucht aus der DDR, das harte Leben in Lagern –, mir dazu verholfen, das nahe Liegende, das Konkrete nie aus den Augen zu verlieren.

*Nennen Sie doch mal ein Beispiel für diesen Köhler'schen Pragmatismus.*

Denken Sie daran, dass wir 1990 mit der Sowjetunion über die Rückführung von etwa 600000 Soldaten mit ihren Angehörigen aus der DDR verhandelten. Die Sowjetunion forderte hohe Summen. Mir war aber klar, dass das Geld irgendwie in den Weiten Russlands versickern würde. Als ich dann davon hörte, dass Moskau für seine zurückkehrenden Truppen nicht genügend Wohnungen hatte, dass diese mit ihren Familien in Zelten und Turnhallen kampierten, bot ich ein Wohnungsbauprogramm an. Wir haben zugesagt, 36000 Wohnungen zu bauen und zu finanzieren. Schließlich ist es uns gelungen, sogar 44000 Wohnungen zu errichten. Das war ein sehr konkreter, sehr praktischer Beitrag, um ein politisch und psychologisch schwieriges Problem – den Abzug einer Siegerarmee – friedlich zu lösen.

*Sie sind in den zehn Wochen zwischen Ihrer Nominierung und Ihrer Wahl eher als Freund klarer Worte aufgefallen. An Ihnen ist also nicht etwa ein Diplomat verloren gegangen?*

Wir müssen zur Kenntnis nehmen, dass die formelhafte Sprache der Politik zu der Kluft zwischen Politik und Bürgern beigetragen hat. Die Leute sind selbst dann misstrauisch, wenn die Politiker vernünftige Ziele formulieren, weil sie die Sprache der Politiker zum Teil nicht mehr verstehen. Wo immer ich neu anfing, habe ich versucht, Veränderungen herbeizuführen – ob als Staatssekretär, als Sparkassenpräsident, bei der Europäischen Bank für Wiederaufbau und Entwicklung oder zuletzt beim Internationalen Währungsfonds. In der ersten Phase notwendiger Veränderungen hieß es immer: Der ist nicht diplomatisch. Manche fühlten sich durch meine vergleichsweise direkte Sprache ungebührlich kritisiert. Ich habe daraus gelernt, dass man auch nicht zu direkt sprechen darf. Man muss die Menschen ja schließlich überzeugen und gewinnen. Andererseits haben die Menschen nach einer gewissen Zeit festgestellt: Der hat ja Recht. Der Tanker hat sich dann gedreht, und die Besatzung war froh, dass ich die Dinge beim Namen genannt hatte.

*Waren Sie in dem Sinne ein Streber, dass Sie sich auf Erfolgen nie ausgeruht haben?*

Streber? Also, in der Schule war ich eher das Gegenteil davon. Im Beruf konnte ich mich immer unheimlich gut konzentrieren auf die Punkte, die es jeweils zu bewältigen galt. Wenn es notwendig war, habe ich einen mitunter hemmungslosen Arbeitseinsatz gezeigt. Das war für meine Mitarbeiter und meine Familie sicherlich nicht immer lustig.

*Ist Horst Köhler ein Kämpfer?*

Ich glaube, schon. Das muss man sein, wenn man sich anspruchsvolle Ziele setzt. Allerdings darf man nicht ohne Rücksicht auf Verluste marschieren. Man muss sich immer über zweierlei im Klaren sein: Erstens, dass man Erfahrungen nicht ignorieren darf. Und zweitens, dass man ohne ein Team, das mitzieht, nicht vorankommt.

*Sie haben mehrfach erwähnt, wie Ihre Familie Sie als Kind und Heranwachsenden geprägt hat. Sind Sie auch selbst ein Familienmensch geworden?*

Sicherlich. Aber ich weiß auch, dass ich meine eigene Familie berufsbedingt zeitweilig vernachlässigen musste. In der Phase zwischen 1990 und 1993, als ich als Staatssekretär vor allem mit der Wiedervereinigung und dem Maastrichter Vertrag zur Europäischen Währungsunion befasst war, da habe ich im Grunde nicht mitbekommen, wie mein Sohn um einen halben Meter gewachsen ist. Im Nachhinein vermisse ich da etwas. Aber ich hatte keine Wahl, und meine Frau hat mich in meiner Arbeit voll unterstützt. Doch wir mussten einen Preis dafür bezahlen.

*Es gibt keine erfolgreichen Männer, die jeden Abend pünktlich um fünf Uhr bei der Familie sind.*

Vielleicht schaffen das einige wenige. Ansonsten muss man eben erfinderisch sein, um knapp bemessene gemeinsame Zeitspannen bestmöglich zu nutzen. Bei uns gab es außerdem das Ritual, dass das gemeinsame Frühstück Pflicht war, auch wenn die Kinder manchmal lieber länger geschlafen hätten. Ich habe mich von meinen vielen Dienstreisen auch immer ausgiebig telefonisch gemeldet.

*Haben Sie alle Kindergeburtstage mitgefeiert?*

Nein, bei allen ging es leider nicht. Aber meine Kinder würden wohl bestätigen, dass ich nie einen Geburtstag vergessen habe.

*Unser Ausgangspunkt war ja die Frage: »Wer ist Köhler?« Gibt es charakteristische Eigenschaften, die wir bisher noch nicht angesprochen haben?*

Ich lasse nicht locker. In der Politik geht es wie im Leben immer auf und ab. Sie dürfen sich nicht aus der Linie drängen lassen. So erkläre ich mir auch meinen relativ stetig aufwärts verlaufenden Berufsweg. Ohne dass ich Karriereplanung betrieben hätte, kamen die Ämter zu mir.

*Ministerpräsident Erwin Teufel, der ebenfalls gern Bundespräsident geworden wäre, hat es ganz ähnlich formuliert:*

*Das Amt muss zum Mann kommen und nicht der Mann zum Amt.*

Wobei man bedenken muss, dass es auch immer sehr stark von der jeweiligen politischen Konstellation abhängt, wer als Kandidat für das Amt des Bundespräsidenten oder für ein anderes politisches Amt nominiert wird.

*Vieles hängt von Zufällen ab. Was wäre aus Ihnen geworden, wenn es Sie nicht in den Staatsdienst verschlagen hätte?*

Vielleicht wäre ich auch ein guter Manager geworden. 1975, als ich noch im Tübinger Forschungsinstitut arbeitete, machte Eberhard von Kuenheim mir das Angebot, zu ihm zu BMW zu kommen. Er wollte mich als seinen persönlichen Referenten und Redenschreiber haben. Das hat mich gereizt, denn Herr von Kuenheim war ein Manager, der weit über das Auto hinausdachte. Aber ich habe dann abgesagt, weil ich unser Haus noch fertig bauen wollte, also zu diesem Zeitpunkt nicht aus Tübingen wegwollte.

*Hat da die Häuslebauer-Mentalität obsiegt?*

Vielleicht. Aber in erster Linie wollte ich wohl etwas zu Ende bringen, was ich angefangen hatte.

*Andernfalls säßen Sie heute vielleicht in einem Vorstand.*

Das wäre durchaus denkbar. Aber ich glaube, es ist kein Zufall, dass ich – vom Amt des Bundespräsidenten mal abgesehen – da gelandet bin, wo ich gelandet bin. Mein Berufsweg nahm insgesamt eine glückliche Entwicklung. Ich glaube, ich war mit meinen Fähigkeiten jeweils am richtigen Platz zur richtigen Zeit.

*Welche Motive gaben letztlich den Ausschlag für den Staatsdienst: der Dienst an der Gemeinschaft, die Gestaltungsmöglichkeit, vielleicht auch ein Stück Macht?*

Ich war damals 33 Jahre alt, und das Wirtschaftsministerium suchte einen »theoretisch versierten, ordnungspolitisch standfesten Ökonomen«. Diese Formulierung hatte es mir angetan.

*Das Prestige des öffentlichen Dienstes kann Sie nicht angelockt haben.*

Die Idee des Staatsdieners habe ich immer ziemlich wörtlich genommen. Man setzt seine Fähigkeiten und Kenntnisse für das Wohl der Gemeinschaft ein. Finanzielle Erwägungen spielten dagegen eine untergeordnete Rolle.

*Wenn Sie zurückschauen auf das, was Sie bisher getan und erreicht haben: Was war Ihr größter beruflicher Erfolg? Auf was sind Sie besonders stolz?*

Dass der Abzug der russischen Truppen aus Ostdeutschland ohne einen einzigen Schuss vonstatten ging und dass die Soldaten sich von uns fair behandelt fühlten. Jedenfalls habe ich diesen Eindruck in Gesprächen mit russischen Offizieren und Soldaten gewonnen.

*Sind Sie insgesamt stolz auf sich, auf das, was Sie erreicht haben?*

Ohne überheblich zu sein: Ich weiß, was ich geleistet habe. Irgendwie habe ich den Schritt auf die nächste Stufe in meiner Laufbahn immer als eine natürliche Entwicklung gesehen. Deshalb habe ich mich auch nie überfordert gefühlt. Nach meinem Examen wunderte ich mich über das, was ich am Ende aus mir herausgeholt hatte. Dieses Erlebnis hat mich dann mein Leben lang begleitet. Auch in ganz kritischen Situationen habe ich an die Chance der positiven Lösungsmöglichkeit geglaubt. Das gibt einem eine gewisse Selbstsicherheit, ohne zu meinen, bei neuen Herausforderungen die Antwort immer schon von vornherein zu kennen. Dabei stellte ich fest, dass manches anders aussieht, wenn Sie Ihrem Mitarbeiter oder Verhandlungspartner wirklich zuhören. Dazu war ich immer bereit. Allerdings war ich auch hart darin, die Punkte, die ich für unabdingbar hielt, durchzusetzen. Ein Beteiligter an den Maastrichter Verhandlungen hat über mich sinngemäß geschrieben: eine Mischung aus menschlicher Wärme und Härte in der Sache.

*In dieser Beschreibung erkennen Sie sich wieder?*

In gewisser Weise schon. Wenngleich solche Beschreibungen sicherlich immer stark vereinfachend sind.

*Kann man sagen, dass Sie sich das, was Sie erreicht haben, stets erarbeiten mussten?*

Ja, mir ist nichts zugeflogen. Dafür habe ich immer hart gearbeitet.

*Gab es auch einen größeren Misserfolg?*

In meiner Zeit als IWF-Direktor habe ich es schon als Rückschlag empfunden, dass wir für unseren Vorschlag zur Einführung eines internationalen Insolvenzverfahrens für verschuldete Länder nicht die notwendige Mehrheit in den Hauptstädten gefunden haben.

*Sind Sie eitel?*

Ich glaube, niemand ist frei von Eitelkeit. Aber Eitelkeit ist nicht mein auffälligster Charakterzug.

*Sie wurden im Herbst 2003 Honorarprofessor an der Universität Tübingen. Haben Sie sich gleich eine neue Visitenkarte drucken lassen – mit dem Professorentitel?*

Nein, so eine Visitenkarte gibt es bis heute nicht. Aber nach meiner Nominierung zum Präsidentschaftskandidaten brauchten wir hier in Deutschland einen Briefbogen. Da kam dann der Titel drauf.

*Um beim Thema Eitelkeit zu bleiben: Sie wurden von Bundeskanzler Schröder für das Amt des IWF-Chefs nominiert, nachdem sein erster Kandidat, Staatssekretär Koch-Weser, von den Amerikanern abgelehnt worden war. Auch unter den potenziellen Präsidentschaftskandidaten der Union zählten Sie nicht zu den Favoriten. Hat Sie das nicht gestört, in beiden Fällen nicht der erste Kandidat, nicht die erste Wahl gewesen zu sein?*

Nein, überhaupt nicht. Ich hatte mich für beide Positionen nicht beworben. Aber ich weiß, was ich kann und was ich geleistet habe. Und ich weiß, dass die Vergabe solcher hohen Ämter immer von komplizierten personellen und politischen Konstellationen abhängt. Da bin ich völlig unbeschwert.

*Vor Ihrer Nominierung am 4. März 2004 wussten die Deutschen von Ihnen so gut wie nichts. Kurz darauf war zuerst im »Stern« und dann fast überall zu lesen, in einer ehemaligen Bonner Amtsstube wäre ein verputztes Loch in der Wand zu besichtigen – weil Sie dort mit einem Briefbeschwerer nach einem Mitarbeiter geworfen hätten. Das hört sich ja Furcht erregend an.*

… und ist natürlich reine journalistische Erfindung.

*Ihnen wurden ganz schnell noch mehr nicht sehr schmeichelhafte Etiketten verpasst: »ungeduldig«, »aufbrausend«, »cholerisch«.*

Ungeduldig kann ich schon mal werden. Das kommt daher, dass ich bei allem, was ich anpacke, etwas erreichen will. Und dabei gebe ich mich nicht so schnell zufrieden mit dem, was als Lösung angeboten wird, oder damit, dass etwas angeblich aus diesen oder jenen Gründen nicht möglich sein soll. Das mag eine Schwäche sein. Aber »aufbrausend« und »cholerisch« – da ist wohl mit dem einen oder anderen die Fantasie durchgegangen.

*Sie sollen mit großen Buchstaben »Quatsch« oder »Unsinn« an den Rand von Vorlagen Ihrer Mitarbeiter geschrieben haben.*

Schon möglich, dass ich so etwas mal hingeschrieben habe. Vielleicht sagt Ihnen aber auch diese kleine Episode etwas: Vor meiner Wahl traf ich in der Empfangshalle des Berliner Hotels, in dem ich damals wohnte, auf die Mitglieder des Personalrats aus dem Bundesfinanzministerium. Die Leute haben mich freudig als einen der Ihren begrüßt und zeigten sich geradezu begeistert von meiner Nominierung, selbst SPD-Leute im Personalrat. Das tat gut.

*Noch so ein Vorurteil: Sie können angeblich kein Englisch.*

(Lacht.) Wahrscheinlich ist das auch der Grund, warum ich Bundespräsident werden will. Nein, im Ernst. Ich denke, ich kann mich auf Englisch ganz gut verständlich machen. Und auch hier, ohne gleich laut zu werden.

*Haben Sie bei Ihrer Nominierung im März nicht im Stillen gedacht, das kann doch gar nicht wahr sein? Ich, ein Flüchtlingskind aus ärmlichen Verhältnissen, bin demnächst der erste Mann im Staat?*

Schon die Kandidatur war für mich keine Selbstverständlichkeit, noch viel weniger die Wahl. Ich empfinde sie zugleich als große Ehre und große Herausforderung. Ich sage auch nicht, dass ich heute schon der fertig gebackene Präsident bin. Auch in dieses Amt werde ich, wie das bisher bei allen neuen Aufgaben der Fall war, hineinwachsen müssen. Der Amtseid verpflichtet mich, dem Wohl des Volkes zu dienen, seinen Nutzen zu mehren, Schaden von ihm abzuwenden. Das ist meine Richtschnur, und daran soll man mich messen. Ich bin davon überzeugt, dass ich Deutschland gerade in dieser Zeit etwas geben kann. In meiner Biographie spiegelt sich die deutsche Geschichte wider, im Positiven wie im Negativen. Das Land hat mir so viel gegeben, es hat mir Chancen eröffnet, es hat mich im Frieden leben lassen. Das motiviert mich, zu versuchen, dem Land etwas zurückzugeben.

*Kommen wir auf Deutschland zu sprechen. Eine Gesellschaft kann nicht nur auf Gesetzen und Vorschriften aufbauen. Im Innern wird sie durch allgemein verbindliche Wertvorstellungen zusammengehalten, und zwar jenseits von Fleiß und Pünktlichkeit. Früher waren die Zehn Gebote eine solche Basis. Und heute?*

Die Zehn Gebote sind nicht obsolet geworden. Ihre Grundwerte bestimmen nach wie vor unsere Gesetzgebung.

*Aber ihre Bindewirkung ist doch nicht mehr da. Denken Sie nur an die neuen Länder, wo zwei Drittel der Menschen nicht einmal getauft sind.*

Aber das kann noch lange kein Grund sein, die Zehn Gebote zu vergessen. In jedem Fall sollte die Vermittlung von Werten ein wesentlicher Bestandteil des Erziehungsauftrags der Schulen sein.

*Was könnten solche bindenden Werte – neben den Zehn Geboten – sein? Solidarität, Nächstenliebe, ein allgemeines humanistisches Ethos, »compassion«?*

Die Zehn Gebote bleiben für mich eine wichtige Grundlage meines Handelns. Ein großer Teil dieser Verhaltensnormen findet sich übrigens in allen Weltreligionen. Aber wir können das Christentum nicht zur ausschließlichen Werteorientierung einer Gesellschaft machen, die Religionsfreiheit und unterschiedlichen Lebensentwürfen mit gutem Grund Raum gibt. Tatsächlich haben wir mit den Ideen der Aufklärung und dem humanistischen Ethos auch andere reichhaltige Quellen für die Vermittlung bindender Werte in unserer Gesellschaft. Für mich sind zentrale Grundwerte: Freiheit, Solidarität, Gerechtigkeit, Rechtsstaatlichkeit und Familie.

*Der liberale Ökonom Wolfram Engels hat den treffenden Satz geprägt: Solidarisch ist auch eine Räuberbande. Was heißen soll: Wenn eine Gruppe in der Gesellschaft solidarisch gegen eine andere Gruppe kämpft, dient das nicht zwangsläufig dem Gemeinwohl.*

Ich definiere Solidarität als tätige Aufmerksamkeit gegenüber meinem Nächsten, wenn er in Not ist. Was die Nächstenliebe in den christlichen Religionen ist, das ist für mich Solidarität in der Gesellschaft.

*Kann es kollektive Solidarität geben?*

Es gibt kollektive Solidarsysteme, die der Staat organisiert. Die muss es auch geben. Nur so lässt sich soziale Sicherheit für die breite Mehrheit sicherstellen. Aber kollektive Solidarsysteme, die Eigenverantwortung und direkte zwischenmenschliche Solidarität unterhöhlen, schlagen in ihr Gegenteil um. Wir brauchen in einer freiheitlichen Gesellschaft eine Kombination aus beidem: die Solidarität des Einzelnen *und* kollektive Solidareinrichtungen.

*Ein Mitglied der gesetzlichen Krankenversicherung, das sich solidarisch verhält, geht nicht bei jeder Kleinigkeit zum Arzt, sondern gleich in die Apotheke und zahlt selbst. Es belastet also die Solidargemeinschaft nicht über Gebühr. Der nüchtern kalkulierende Versicherte, der »homo oeconomicus«, sagt: Ich habe meinen Beitrag bezahlt, also gehe ich zuerst zum Arzt und anschließend mit dem Rezept zur Apotheke. Mit anderen Worten: Ich nehme, was mir zusteht. Insofern ist es doch sehr schwer, an solidarisches Verhalten zu appellieren, das über den engeren Beziehungskreis hinausgeht.*

Noch einmal: Wir brauchen kollektive Solidarsysteme. Aber diese kollektiven Systeme können ihre Funktion immer weniger erfüllen, wenn ihnen nicht individuelles solidarisches Verhalten zugrunde liegt. Dass man also für sich selbst nicht mehr herausholt, als man benötigt. Wenn das Ausnutzen der Systeme im Vordergrund steht, dann schlägt die Solidarität ins Gegenteil um. Und unter dieser Situation leiden wir heute.

*Überfordern wir die Menschen nicht, wenn wir von ihnen erwarten, dass sie ihr Verhalten stets am Gemeinwohl orientieren? Ein Arbeitnehmer freut sich, wenn seine Gewerkschaft eine Gehaltserhöhung durchsetzt, weil er dann mehr Geld in der Tasche hat. Dass diese Erhöhung objektiv vielleicht zu hoch ausgefallen ist und deshalb Arbeitsplätze gefährdet, interessiert den Mann weniger.*

Wir überfordern die Menschen, wenn wir erwarten, dass sie immer an das Gesamtsystem denken. Aber wir überfordern sie nicht, wenn wir die Übernahme von Eigenverantwortung erwarten. Und wir müssen fordern, dass die Bürger nicht nur an ihre Rechte, sondern auch an ihre Pflichten denken. Beides gehört zusammen.

*Wenn Sie als Präsident an die Bürger appellieren würden, ihre Ansprüche an den Staat zurückzuschrauben, nicht stets dem letzten Euro nachzujagen, wird Ihnen mancher entgegnen, dabei sollten doch die Politiker, bitte schön, erst einmal mit gutem Beispiel vorangehen.*

Man sollte von Politikern nicht ständig Außergewöhnliches erwarten. Sie sind auch nur Menschen. Wichtig ist allerdings, dass sie in ihrem Verhalten glaubwürdig sind. Das heißt, sie müssen wissen, was sie den Menschen zumuten, und dürfen sich selbst von den notwendigen Veränderungen nicht ausschließen. Vorbilder kann und sollte es im Übrigen in allen gesellschaftlichen Gruppen geben.

*Stichwort Vorbilder: Passt es eigentlich in unsere Zeit, dass ein Bundespräsident sein Gehalt ungeschmälert auf Lebenszeit erhält – auch im Ruhestand ohne jeden Abschlag? Das gibt es in keiner anderen Funktion, auch nicht beim Bundeskanzler oder beim Präsidenten des Bundesverfassungsgerichts.*

Ich habe noch nicht einmal mein Amt angetreten, und Sie fragen mich schon nach dem Ruhestand.

*Aber wir leben nun einmal in Zeiten, in denen die Rentner zum ersten Mal Kürzungen hinnehmen müssen.*

Wenn alle Opfer bringen, sollte auch der Bundespräsident nicht ausgenommen werden.

*In den Augen der Bürger wird nicht nur die politische Klasse ihrer Vorbildfunktion nicht gerecht. Auch die wirtschaftliche Elite gilt als eine Ansammlung von Absahnern, die Champagner trinken und anderen Wasser predigen.*

Ich glaube, diese Beschreibung ist stark übertrieben. Leider scheinen einige Manager aber in der Tat die Bodenhaftung verloren zu haben. Wenn in Zeiten inakzeptabel hoher Arbeitslosigkeit, wenn in Zeiten, in denen Gehaltserhöhungen allenfalls die Inflation ausgleichen, Manager-Gehälter Größenordnungen bis in zweistellige Millionenbeträge erreichen, dann wirft das zu Recht kritische Fragen auf. Dann vermisse ich bei diesen Managern ein Bewusstsein für die Gesamtsituation. Es gibt keine schematische Formel für die angemessene, die gerechte Höhe von Vorstandsgehältern. Ich habe auch keine. Wenn sich die Manager aber nicht mehr darum kümmern, wie die Summen, die sie bekommen, auf ihre Mitarbeiter wirken, dann verstehen sie nicht ihre unternehmerische Aufgabe. Die besteht nämlich darin, gerade auch Arbeitnehmer für den Unternehmenszweck zu motivieren. Dies ist in einer Gesellschaft, die zur Wissensgesellschaft übergeht, wichtiger denn je.

*In den achtziger Jahren bekamen die Vorstände nach einer Faustformel etwa das Vierzigfache des durchschnittlichen Arbeitnehmereinkommens. Heute scheint das Hundertfache noch nicht genug zu sein.*

Hier stellen sich auch ethische Fragen. Das Produkt eines Unternehmens ist doch letztlich die Kombination von Arbeit, Kapital, Wissen und dem, was der Staat und die Gesellschaft an Rahmenbedingungen beigesteuert haben.

*Der Staat bekommt ja in Form von Steuern etwas zurück, wenn Unternehmen Gewinn machen.*

Sofern sie überhaupt Steuern zahlen.

*Es ist doch nicht verboten, von gesetzlichen Möglichkeiten bei der steuerlichen Gestaltung Gebrauch zu machen.*

Aber die Grenze zwischen Nutzen und Ausnutzen gesetzlicher Möglichkeiten ist fließend. Diesen Unterschied scheinen manche Manager nicht mehr zu kennen.

*Die deutschen Manager begründen die Höhe ihrer Bezüge gern mit den geradezu astronomischen Summen, die teilweise im Ausland gezahlt werden. Man könnte fast den Eindruck gewinnen, die deutschen Manager seien so gut, dass sie sich vor Angeboten aus Amerika nicht retten könnten, also mit goldenen Fesseln hier gehalten werden müssten.*

Von solchen Riesenangeboten aus Amerika habe ich noch wenig gehört. Übrigens ist es kein Zufall, dass die Eigentümer-Unternehmer oft einen anderen Zugang zu ihrer Firma und ihren Arbeitnehmern haben als angestellte Manager, die vor allem ihre Juristen und Stabsabteilungen mit großer Raffinesse einsetzen. Auch dies hat das Ethos des »ehrbaren Kaufmanns« unterhöhlt.

*Sie haben sich zu Beginn dieses Gesprächs als Christ bezeichnet. Haben Ihre religiösen Überzeugungen Ihre Arbeit beeinflusst?*

Mein Glaube hatte beim IWF für mich die ganz konkrete Konsequenz, dass ich mich im Kampf gegen die Armut sehr engagiert habe. Der Glaube gibt einem andererseits auch die Kraft, angesichts der Armut und des Elends in der Welt nicht zu verzweifeln.

*Macht der Glaube das Leben also leichter für Sie?*

Er gibt mir Halt und Zuversicht.

*Könnte man angesichts der Bürgerkriege und des Elends in Afrika nicht fragen: Was ist das für ein Gott, der die einen in Saus und Braus leben lässt und die anderen in bitterster Armut?*

Ich würde mir nicht anmaßen wollen, den Schöpfer in seinem Wirken zu beurteilen. Der Mensch ist im Gegensatz zum Tier zur freien Entscheidung befähigt. Die Not in Afrika ist das Ergebnis menschlichen Verhaltens, von Kolonialismus, Korruption, Stammesfehden, der Art der Regierungsführung oder auch des Verhaltens westlicher Unternehmen oder der Handelspolitik der USA und Europas. Man darf den Menschen die Verantwortung für die Verhältnisse nicht abnehmen. Ich stelle aber immer wieder fest, dass die Menschen in Afrika sich trotz ihrer Not nicht aufgeben. Es muss also noch mehr geben als das, was wir mit unserem Verstand erfassen können. Die Würde des Menschen gilt im armseligsten Viertel der Welt genauso wie auf der Fifth Avenue in New York City. Sie gilt für Behinderte ebenso wie für Spitzensportler.

*Können Sie sich vorstellen, als Präsident ein Gesetz nicht zu unterzeichnen, weil es Ihren ethischen Überzeugungen zuwiderläuft?*

Bei all meinen Entscheidungen werde ich mich im Rahmen der Verfassung bewegen.

*Notfalls auch gegen Ihre eigenen ethischen Überzeugungen?*

Das lässt sich theoretisch nicht beantworten. Aber meine ethischen Überzeugungen sind nicht beliebig disponibel.

*Wie ist Ihre Haltung zur Abtreibung? Sie ist nach dem Gesetz rechtswidrig, aber straffrei.*

Das ist eine der Fragen, zu denen ich mich erst noch vertieft sachkundig machen will. Dazu gehören auch Fragen zur Embryonenforschung, zum Klonen und zur Prä-Implantations-Diagnostik. Aber so viel will ich schon sagen: Niemals zuvor war es so dringend geboten, sich zu fragen, ob der Mensch alles tun soll, wozu er technisch-wissenschaftlich in der Lage ist.

*Es ist in Deutschland verboten, zum Zwecke der Forschung Stammzellen künstlich zu befruchten. Die Einfuhr von Stammzellen, die im Ausland befruchtet wurden, ist dagegen erlaubt. Gestatten wir uns hier nicht eine doppelte Moral?*

Dies zeigt, dass auch der Schutz des Lebens nicht mehr national zu gewährleisten ist. Wenn wir in Deutschland eine wertkonservative Regelung haben, die anderen Länder aber nicht, bedeutet das nicht, dass wir unsere Vorstellungen aufgeben sollten. Aber wir müssen über unsere Grenzen hinausschauen. Darum brauchen wir auch eine intensive internationale Diskussion.

*Was hält der Ökonom Köhler von dem Argument: Wenn wir auf dem Gebiet der Stammzellenforschung und der Gentechnik nicht alles tun, was man tun kann, dann führt das zu wirtschaftlichen Nachteilen des Standorts Deutschland?*

Das würde ich in dieser pauschalen Form nicht akzeptieren. Wir müssen nur wissen, dass die Welt nicht auf uns wartet. Gerade deshalb würde ich mir wünschen, dass wir uns aktiver an der internationalen Diskussion über die ethischen Aspekte der Stammzellenforschung oder des Klonens beteiligen.

*Es ist nicht auszuschließen, dass Ihrer Tochter eines Tages mit ethisch vielleicht fragwürdigen Methoden geholfen werden kann, wieder zu sehen.*

Sicher gibt man die Hoffnung nie auf, dass die Wissenschaft weitere Fortschritte macht. Ich weiß aber von meiner Tochter, dass sie selbst Grenzen akzeptiert. Wahrscheinlich täten wir gut daran, die Behinderten selbst stärker in diese Diskussionen einzubeziehen.

*Zurück zu der Person Horst Köhler. Jeder Bundespräsident lässt während seiner Amtszeit seine Parteimitgliedschaft ruhen. Aber Ihre politische Heimat ist nun einmal seit 1981 die CDU. War das damals für Sie die einzig mögliche Partei? Als überzeugter Marktwirtschaftler hätten Sie auch bei der FDP landen können.*

Nein, es kam für mich eigentlich nur die CDU in Frage. Denn ich halte das Konzept der sozialen Marktwirtschaft von Alfred Müller-Armack und Ludwig Erhard für das richtige. Das bedeutet eben mehr als nur Marktwirtschaft. Soziale Marktwirtschaft heißt, die Prinzipien der Freiheit und des Marktes zu verbinden mit dem Prinzip des sozialen Ausgleichs. Das ist unverändert richtig.

*Die CDU definiert sich als sozial, liberal und konservativ – mit dem christlichen Menschenbild als Fundament.*

Für mich ist Freiheit, auch wegen meines christlichen Menschenbildes, die Basis. Und der Markt ist der empirisch bewährte Mechanismus, um Freiheit zur Entfaltung kommen zu lassen und freiheitliche Entscheidungen zu koordinieren. Da aber der Markt nicht von sich aus alles zum Guten richtet, muss eine bewusste Politik für den sozialen Ausgleich sorgen.

*Kritiker behaupten, das »C« im Parteinamen sei eine Anmaßung nach dem Motto: Wir sind die besseren Menschen.*

Wenn jemand sagen würde, dass die Menschen in der CDU die besseren Menschen wären, würde ich dem widersprechen.

*Weil Sie die CDU-Leute kennen?*

Die CDU-Mitglieder sind weder die besseren noch die schlechteren Menschen. Sie haben sich für das »C« als einen Maßstab ihrer Politik entschieden, nicht mehr und nicht weniger.

*Definieren Sie doch bitte sozial, liberal und konservativ.*

Konservativ heißt für mich vor allem, die Schöpfung zu bewahren. Konservativ meint auch, dem Menschen nie Verantwortung abzunehmen, die er selbst tragen kann. Im Ökonomischen heißt das zum Beispiel, mit dem auszukommen, was man hat. Also, solide zu wirtschaften.

*Gehört zum konservativen Element nicht auch das nationale?*

Das Nationale bedeutet für mich, dass die Menschen wissen, wo sie herkommen, was ihre Heimat ist und was diese auszeichnet. Weltoffen zu sein, ohne seine Wurzeln zu vergessen, das ist für mich die richtige patriotische Einstellung.

*Liberal?*

Offen zu sein für neue Ideen, neugierig zu sein. Und natürlich die Eigenverantwortung zu betonen, vor der staatlichen Hilfe, die nur eine subsidiäre sein darf.

*Sozial?*

Sozial bedeutet, dass Gerechtigkeit wichtig ist für eine Gemeinschaft, damit sie zusammenhält. Dazu gehört, dass man denen, die unverschuldet in Not geraten sind, hilft. Auf diese Hilfe müssen sie sich verlassen können, und dabei sollten sie auch kein schlechtes Gewissen haben. Sozial meint aber nicht nur kollektive Einrichtungen, sondern auch die direkte Solidarität. Dazu gehört für mich zum Beispiel die Übernahme von Ehrenämtern oder Nachbarschaftshilfe. Und dass Menschen nicht nach Einkommenskategorien und Statusmerkmalen beurteilt werden, sondern so, wie sie sind – Individuen mit Stärken, mit Fehlern, in ihrer ganzen Vielfalt.

*Einerseits haben wir fünf bis sechs Millionen Menschen ohne Arbeit. Diejenigen mit Arbeit haben mehr Freizeit als je zuvor. Auf der anderen Seite leben in den Altenheimen Leute, die versorgt, aber furchtbar einsam sind. Und die Gesellschaft bringt es nicht fertig, da etwas zu tun.*

Weil der Begriff sozial eben zu stark und zu einseitig verbunden ist mit den kollektiven Einrichtungen. Die Politik hat viel zu lange die kollektive Solidarität propagiert und Solidarität auf staatliche Systeme und soziale Einrichtungen abgeschoben. Das hat natürlich die Gruppen begünstigt, die gut organisiert sind und lautstark soziale Leistungen für sich fordern. Die Menschen in den Altenheimen gehören sicherlich nicht dazu. Es stellt sich deshalb die Frage, ob der Sozialstaat, so wie er heute funktioniert, mittlerweile die Bereitschaft zur persönlichen, zwischenmenschlichen Solidarität untergräbt. So wird etwa die Solidarität in der Familie durch die heutigen Umverteilungsmuster eher geschwächt als gestärkt: Individuelles soziales Verhalten, das auch Wärme gibt, direkte Mitmenschlichkeit, die bleiben auf der Strecke. Die, die sich nicht organisieren können, werden immer mehr an den Rand geschoben und schauen jetzt relativ einsam aus den Fenstern. Da produziert die Sozialbürokratie fast unmenschliche Verhältnisse.

*Die CDU sagt immer wieder, sozial ist, was Arbeit schafft.*

Das dürften im Grunde genommen alle Parteien so sehen. Arbeit gibt Selbstvertrauen, Selbstsicherheit und Erfüllung.

Darum ist die hohe Arbeitslosigkeit bei uns das größte soziale Übel.

*Sie haben von Ihrer Nominierung in der Nacht vom 3. auf den 4. März erfahren. Als Angela Merkel Sie da anrief, hatten Sie schon geschlafen.*

(Lacht.) Ich war aber sofort hellwach.

*War Ihnen in dieser Minute Ihrer Zusage bewusst, dass Sie am nächsten Tag von Ihrem Amt als Chef des IWF zurücktreten müssen?*

Nein, das war für mich eine Überraschung. Diese Bestimmung in den Statuten des IWF hatte ich nicht gekannt. Aber als ich das erfuhr, habe ich nicht mehr gezuckt.

*Wenn Sie die Wahl am 23. Mai verloren hätten, wären Sie arbeitslos gewesen.*

So ist das. Dann hätte ich mich nach etwas anderem umschauen müssen. Zum IWF hätte ich nicht zurückgekonnt.

*Ihre Kandidatur war also durchaus mit einem gewissen Risiko verbunden.*

Ich habe ja schon gesagt, dass ich in meinem Leben immer bereit war, Risiken einzugehen. Das war jetzt nicht anders.

# 2
# Jugend und Familie

## »Mein Lebenslauf ist auch eine Verpflichtung«

*Sie wurden 1943 in Polen geboren. Ihre deutschstämmigen Eltern waren zuvor aus Rumänien vertrieben und in dem von Deutschen besetzten Teil Polens zwangsweise angesiedelt worden. Zwei Jahre später floh Ihre Familie in die Nähe von Leipzig, dann 1953 in den Westen. Begründet ein solcher Lebenslauf nicht ein besonderes Verhältnis zur Geschichte?*

Ich denke, schon. Ich habe in der Tat vieles von dem erlebt, was deutsche und europäische Geschichte in den letzten sechzig Jahren ausgemacht hat. Dazu gehörte auch das ständige wirtschaftliche Auf und Ab, gehörten mehrfach Flucht und Neubeginn. Wenn Sie da zurückschauen, empfinden Sie etwas mehr Demut gegenüber dem heutigen Wohlstand. Sie sind aufmerksamer gegenüber politischen Entwicklungen und möglicherweise auch in Bezug auf Werte.

*Ihre Geburtsurkunde in Skierbieszow wurde von den deutschen Besatzern ausgestellt.*

Meine Mutter hat mir diese Geburtsurkunde lange nicht zeigen wollen. Ich dachte immer, wegen der Nazi-Symbole, die da drauf waren. Jetzt, bei meinem Besuch im sächsischen Markkleeberg, habe ich eine interessante Entdeckung gemacht: Im Taufbuch der dortigen Kirche ist St. Pölten als mein Geburtsort eingetragen.

*St. Pölten in Österreich?*

Ja. Dort war ein Aufnahmelager für Deutsche, die aus Bessarabien vertrieben worden waren. Leider kann ich meine Mutter nicht mehr fragen, wie es zu diesem Eintrag kam.

*Ist ein solcher Lebenslauf nicht auch eine Verpflichtung?*

So sehe ich es für mich. Ich habe das Glück gehabt, dass mein Lebenslauf mit all seinen Schwierigkeiten am Ende ein Aufstieg war, ein Weg der materiellen Verbesserungen, des Friedens und auch des familiären Glücks. Dafür bin ich dankbar und fühle mich verpflichtet, dem Land davon etwas zurückzugeben.

*Ihre Mutter war Siebenbürger Sächsin. Und Ihr Vater, wo kam der her?*

Der kommt aus einer Bauernfamilie. Seine Familie stammt aus Schwaben, die meiner Mutter kommt aus Österreich.

*Und wie fanden sich die beiden in Kronstadt?*

Meine Mutter lebte in Kronstadt, der Vater in einem Bauerndorf in Bessarabien. Er kam wohl irgendwann nach Kronstadt. Da haben die beiden sich dann beim Tanzen kennen gelernt.

*Wer von beiden hatte den stärkeren Einfluss auf Sie?*

Eindeutig die Mutter. Sie war auch der intellektuelle Typ.

*Hatte sie etwa eine höhere Schulbildung?*

Sie hatte keine höhere Schulbildung, aber sie *hatte* eine Schulbildung. Sie sprach Rumänisch und Russisch und war insgesamt eher ein Stadtmensch. Mein Vater dagegen war in einer Umgebung aufgewachsen, in der es kaum möglich war, zu einer Schulbildung zu kommen. Er war ein einfacher Mann vom Land. Dieser Unterschied sorgte für eine gewisse Spannung in der Familie. Meine Mutter haderte eigentlich ihr Leben lang ein bisschen mit ihrem Schicksal. Sie hatte ursprünglich andere Ziele gehabt, am Ende folgte sie aber doch ihrem Mann in die Landwirtschaft, bekam Kinder und bewältigte immer wieder extremste Belastungen. Ein solches Schicksal war für Frauen damals ja nicht außergewöhnlich.

*Wie hat Ihr Vater Sie beeinflusst?*

Mein Vater war voll damit ausgelastet, für eine Familie mit acht Kindern den Lebensunterhalt zu verdienen. Ich habe ihn als sehr verlässlich in Erinnerung. Er hat mir auch den Zugang zur Natur eröffnet, mein Interesse an Tieren und Pflanzen geweckt.

*Hat Ihre Mutter versucht, Sie oder Ihre Geschwister für Literatur oder Musik zu interessieren?*

Sie hat alles darangesetzt, dass wir Kinder eine Berufsausbildung bekamen, und sie hat für Bücher in der Familie gesorgt. Viel mehr an Kultur gab es bei uns nicht.

*Acht Kinder in einer Familie – das gilt ja heute fast als asozial. Was verpassen Menschen, die in Kleinfamilien ohne Geschwister aufwachsen?*

Sie verpassen zum Beispiel die Vielfalt in einer Familie. Und sie erleben auch nicht, wie Kinder sich selbst erziehen können.

*Indem die Großen auf die Kleinen aufpassen?*

Genau so war das bei uns. Allerdings lag in unserer Familie fast eine Generation zwischen dem Ältesten und der Jüngsten, zwanzig Jahre. Auch kamen meine sechs älteren Geschwister noch in Rumänien zur Welt, ich dann in Polen und meine zwei Jahre jüngere Schwester in Deutschland. Wir beide sind dann zunächst in der Nähe von Leipzig und später in Ludwigsburg zusammen aufgewachsen und waren uns deshalb immer besonders nahe.

*Wie lange war die Familie eigentlich vollständig zusammen?*

Das ging, wie mir meine Mutter erzählt hat, schon in Polen auseinander. Mein ältester Bruder wurde noch zur Marine eingezogen und auf einem U-Boot ausgebildet. Meine Schwester Toni, die Zweitälteste, machte eine Ausbildung als Kindergärtnerin. Wir anderen sechs Kinder waren noch in Markkleeberg zusammen. In Ludwigsburg waren es dann nur noch drei Kinder, die jüngste Schwester und der etwas ältere Bruder, das sechste Kind der Köhlers.

*Waren Sie ein schwieriges oder eher ein braves Kind?*

Meine Mutter hat mich »Guter« genannt. Das war ein Kosename, vielleicht auch, weil ich so spät auf die Welt kam. Als wir dann in verschiedenen Flüchtlingslagern lebten, da wurde ich wohl etwas rauer. Das war auch ein täglicher Kampf, und ich wollte und musste mich gegenüber anderen Kindern im Lager durchsetzen.

*Es gab ja sicher auch Streit unter den Geschwistern, oder ein Kind hatte etwas »verbrochen«. Waren die Eltern da streng?*

Vieles haben wir Kinder untereinander ausgemacht. Aber der Vater hat auch schon mal seinen Ledergürtel zur Hand genommen. Das war schon hart. Aber ich habe da praktisch nie etwas abbekommen, wohl aber meine älteren Geschwister.

*Gehen wir doch einmal Ihre sieben Geschwister der Reihe nach durch. Der Älteste war Johann.*

Ja, Hans, Jahrgang 1925. Den habe ich immer etwas bewundert. Er war eher intellektuell, konnte aber unter den damaligen Umständen nur eine Ausbildung als Schiffsbauer machen. Er ist bei unserer Flucht in Ostdeutschland geblieben, hat dort geheiratet und als Baggerführer gearbeitet. Er ist vor zehn Jahren gestorben.

*Dann kam das älteste Mädchen, Antonia.*

Toni, geboren 1926, gelernte Kindergärtnerin. Sie hatte sich in ihrem Beruf sehr engagiert und später dann in der DDR eine so genannte Intelligenzler-Rente bekommen. Nach der Vereinigung wurde den Beziehern solcher Renten eine »Systemnähe« nachgesagt, das hat sie sehr geärgert. Sie lebt heute in Ludwigsburg.

*Der Dritte ist Eduard.*

Ja, Ede, der ist Jahrgang 1930 – wie Helmut Kohl. Er hat nach dem Zweiten Weltkrieg in Leipzig Maurer gelernt. Später war er bei der kasernierten Volkspolizei und ist dort geblieben, als wir geflohen sind. Schließlich ist er doch nachgekommen in die Bundesrepublik und arbeitete lange Zeit im Werkschutz bei der Firma Bosch. Auch er lebt heute mit seiner Familie in Ludwigsburg.

*Arthur, die Nummer vier.*

Er ist gelernter Werkzeugmacher, wird in diesem Jahr siebzig und ist mit uns 1953 in den Westen geflohen. Arthur hatte oft Ärger mit seinen Arbeitgebern, weil er immer Ideen hatte und etwas verändern wollte. 1958 ist er dann, fast im Streit mit unserem Vater, in die USA ausgewandert. Dort hatte er zunächst eine schwere Zeit. Aber es gelang ihm schließlich, einige Patente anzumelden und auf dieser Basis Unternehmer zu werden. Er war sehr erfolgreich und wurde amerikanischer Staatsbürger.

*Ihren Bruder Arthur zieht es wohl nicht mehr zurück nach »good old Germany«?*

Nein, der käme nie wieder zurück. Dafür liebt er Amerika zu sehr. Er ist heute Ruheständler in Florida und kommt nach Deutschland wie ein Tourist, den Schwarzwaldhäuser faszinieren. Arthur spricht übrigens Deutsch, wie man es in Kronstadt gesprochen hat oder spricht.

*Mit einem gewissen Akzent, der an das Österreichische erinnert?*

Ja, genau. Die haben damals ihre Eltern nicht per Du angeredet, sondern in der dritten Person: »Mutter, habt Ihr …« Das war für mich immer eine Art Kulturbruch, wenn er nach Ludwigsburg kam und so sprach.

*Hatte die Familie immer Kontakt mit ihrem »Amerikaner«?*

Er hatte fast zwei Jahre nichts von sich hören lassen. Aber plötzlich rief er an Heiligabend 1966 bei unseren Nachbarn an – wir hatten da noch kein eigenes Telefon – und wollte seinen Vater sprechen. Und ich musste ihm dann sagen, dass unser Vater schon im Sommer tödlich verunglückt war.

*Der Vater starb 1966 bei einem Verkehrsunfall, da waren Sie 23.*

Ja, mein Vater ging Zigaretten holen und hatte den Kinderwagen mit einer Enkelin dabei. Den stellte er auf der einen Straßenseite ab und ging auf die andere Seite zu einem Automaten. Als er da sein Päckchen ziehen wollte, kam ein junger Mann mit überhöhter Geschwindigkeit angefahren, verlor auf dem Kopfsteinpflaster die Kontrolle über sein Fahrzeug und verletzte meinen Vater tödlich.

*Hatten Sie Arthur denn nicht über den Tod des Vaters informiert?*

Selbstverständlich. Aber irgendwie war der Brief nicht angekommen. Und dann das! Arthur wollte seinem Vater unbedingt sagen: »Ich habe es geschafft.« Das war wirklich tragisch.

*Sprechen wir über das fünfte der acht Köhler-Kinder.*

Der Nächste war dann Adolf.

*Der Name hatte wohl mit der Zeit zu tun ...*

Adolf ist Jahrgang 1937. Er ist gelernter Dreher, Vater von sieben Kindern und lebt heute als Rentner in Ludwigsburg. Adolf ist übrigens zwei Jahre nach der Flucht auch in den Westen gekommen, weil er bei uns sein wollte.

*Dann kommt wohl Nummer sechs.*

Das ist Otto, der ist 1939 geboren, also auch noch in Bessarabien. Er ist ebenfalls Mechaniker, war aber lange krank und arbeitsunfähig. Jetzt lebt er von der Sozialhilfe.

*Der Siebte sind Sie. Bleibt also das achte Kind.*

Ja, Ursula. Wir sagen Uschi. Sie ist zwei Jahre jünger als ich und in Ludwigsburg mit einem Arzt verheiratet. Zu ihr habe ich das engste Verhältnis.

*Sie haben schon mehrfach die Flucht aus der DDR erwähnt. Welche Erinnerungen haben Sie an diese Zeit in Markkleeberg bei Leipzig?*

Für mich war das eigentlich eine eher unbeschwerte Zeit. Damals war die Gegend noch nicht vom Braunkohlebergbau betroffen. Und auf dem Bauernhof, den meine Eltern in dem Dorf Zöbigker zugeteilt bekamen, konnte man herrlich spielen. Allerdings war das in meiner Erinnerung immer ein großes, stattliches Gehöft. Als ich nach der Wende dann dort war, sah die Wirklichkeit bescheidener aus.

*Sie waren bei der Flucht zehn Jahre alt.*

Ich war bei unserer Flucht alt genug, um mich noch gut an meine Schulkameraden zu erinnern. Die habe ich vor kurzem wieder getroffen – nach über 50 Jahren! Das war schon sehr bewegend. (Lacht.) Meine Schulfreundin Hannelore, die jetzt hin und wieder in Zeitungsberichten auftaucht, wollte mich immer heiraten. Bis ich zehn Jahre alt wurde, war das Leben relativ unbeschwert.

*Wie kam es eigentlich zur Flucht?*

Meine Mutter verabscheute die Kommunisten, und ein besonders unangenehmer SED-Genosse wohnte ausgerechnet in unserer Nachbarschaft. Letztlich entschied ein kleines Ferkel über unsere Flucht.

*Wie das?*

Eine unserer Sauen hatte Junge, aber eines galt als tot und landete auf dem Misthaufen. Wie es halt auf einem Bauernhof so zugeht. Aber mein Bruder Otto merkte, dass es sich noch bewegte. Er rettete es, und wir päppelten es in der Küche auf.

*In der Küche?*

Ja. Denn das Ferkel durfte es offiziell ja nicht geben. Eines Tages kamen die staatlichen Kontrolleure, die den Viehbestand zählten, auch in die Küche. Da versteckte meine Mutter das Ferkel im Kohlenkasten. Plötzlich quiekte es. Und damit keiner etwas merkte, machte auch meine Mutter seltsame Geräusche. Die Kontrolleure wunderten sich etwas, merkten aber nichts.

*Und dann?*

Na ja, aus dem niedlichen Ferkel wurde eine veritable Sau. Und die ließen wir schlachten – natürlich schwarz. Aber der Metzger, der das gemacht hatte, wurde verpfiffen. Und nach seiner Verhaftung plauderte er aus, wo überall »schwarze« Schweine gehalten wurden. Das führte dazu, dass mein Vater 1952, am Tag vor Heiligabend, verhaftet wurde und erst am 30. Dezember wieder freikam. Aber da er mit einem Prozess rechnen musste, entschieden sich meine Eltern dann, dass wir in den Westen gehen.

*Gleich Anfang 1953?*

Nein, wir flohen dann am Ostersonntag 1953. Meine Mutter hatte noch einen Hasenbraten gemacht, der ungegessen blieb. Wir verabschiedeten uns auch nicht von unserer Tante. Nichts sollte auffallen, und die Kinder sollten nichts wissen. Wir nahmen den Zug nach Berlin.

*Das waren die Eltern und die sechs jüngsten Kinder?*

Nein, nur die jüngsten drei. Hans und Toni hatten bereits ihre eigenen Familien in der Nähe von Leipzig und kamen nicht mit. Die anderen folgten später. Auf der Flucht half uns ein Schleuser, der uns um all unser Geld gebracht hat.

*Wieso brauchten Sie einen Schleuser? Es gab doch noch keine Mauer.*

Meine Eltern hatten ja keine Ahnung, an welchem Berliner Bahnhof wir aussteigen mussten. Immerhin hat der Schleuser unsere Familie auf unterschiedliche Abteile verteilt, damit die Polizei im Zug keinen Verdacht schöpfte. Er gab uns ein Zeichen, wo wir in Westberlin aus der S-Bahn aussteigen mussten, und führte uns in ein Notaufnahmelager.

*Und dann sind Sie durch mehrere Lager geschleust worden.*

Ja, wir kamen zuerst nach Weinsberg. Warum, weiß ich auch nicht. Dann nach Backnang und schließlich nach Ludwigsburg, wo Vater, Mutter und drei Kinder wenigstens ein Zimmer bekamen. Vorher hatten wir in Turnhallen oder mit acht anderen Familien in einem einzigen Raum gelebt.

*Kinder empfinden so ein Lagerleben doch als aufregend.*

Ja, da war immer was los. Aber wir haben uns natürlich auch mit den Kindern aus der Nachbarschaft gerieben.

*Das war ja nicht nur angenehm …*

Sicher nicht. Wenn Sie aus so einem Lager, etwa einer Kaserne, rausschauen und schöne Einfamilienhäuser sehen, da machen Sie sich schon Ihre Gedanken.

*Hatten Sie in der Schule wegen Ihrer Herkunft und Sprache Probleme?*

Ein wenig in der Grundschule in Ludwigsburg, aber nicht mehr im Gymnasium.

*Sie sächselten also?*

(Lacht.) Ein bisschen, ja.

*Können Sie es heute noch?*

Isch gloobe, schon.

*Sie sagten vorhin, Sie seien in den Lagern nicht gerade zart besaitet gewesen.*

Ja, ich habe erst später begriffen, dass ich in diesem Flüchtlingslager eine Zeit lang den Ruf hatte, mich auch tatkräftig durchzusetzen.

*Waren Sie etwa ein Schläger?*

Nein, ein Schläger war ich überhaupt nicht. Aber wenn es darauf ankam, bin ich Konflikten nicht aus dem Weg gegangen.

*Also eine Art Anführer?*

In der Gruppe wollte ich oft vornedran sein, ob beim »Fangerles« oder beim Baumklettern. Da konnte es schon mal Reibereien geben.

*Ist das Leben in einem solchen Flüchtlingslager vergleichbar mit dem, was Kinder von Asylbewerbern heute mitmachen?*

Ich kann das nur schlecht beurteilen, weil ich die Verhältnisse von Asylbewerbern nicht konkret kenne. Aber nach allem, was ich weiß, gibt es heute sehr viel mehr Angebote an Beratung und Unterstützung. Damals war die Aufnahme in Westdeutschland insgesamt positiv. Ich hatte nie das Gefühl, dass wir von westdeutschen Mitbürgern feindselig aufgenommen wurden. Es gab sicher Vorbehalte, auch manchmal kleine Reibereien, aber insgesamt war das Verhältnis in Ordnung.

*In Ludwigsburg bekamen die Köhlers dann endlich eine eigene Wohnung.*

Ja, das war 1957, eine Dreizimmerwohnung. Da wohnten wir zum ersten Mal seit der Flucht wieder allein. Seitdem betrachte ich Ludwigsburg als meine eigentliche Heimat.

*Was machte damals Ihr Vater?*

Er arbeitete als Zimmermann in einer Firma, die Holzverschalungen für den Versand von Brauereigeräten herstellte. Dieses Handwerk hatte er sich nebenher angeeignet.

*Da musste wohl jede Mark zweimal umgedreht werden.*

Das kann man wohl sagen. Es half natürlich, dass meine Mutter auch arbeiten ging. In einer Plastikfabrik, die Kämme und Seifendosen herstellte. Sie hatte keinen Beruf gelernt und war da halt Hilfsarbeiterin. Diese Tätigkeit meiner Mutter hatte mit Emanzipation und so nichts zu tun. Wir brauchten einfach das Geld.

*Urlaub war bei den Köhlers wohl nicht drin?*

Nein, nie. Damals kamen ja die Italien-Urlaube in Mode. Aber daran verschwendeten wir keinen Gedanken, weil einfach das Geld fehlte.

*Als Sie in Ludwigsburg lebten, waren zwei Geschwister noch in der DDR. Haben Sie die Geschwister in der DDR besucht?*

Nein, Besuche waren lange Zeit nicht möglich. Wir haben dann die Leipziger Messe genutzt, um »rüberzufahren«, wie das damals hieß. Wenn man die Messe besuchen wollte, bekam man relativ unproblematisch bei der Einreise ein Visum. Die Gelegenheit haben wir natürlich genutzt. Dann habe ich mich mal mit meinem ältesten Bruder, dem Hans, der für mich ja immer ein Vorbild war, in Ostberlin getroffen. Dann gab es auch noch traurige Anlässe für Reisen: Beide Frauen von Hans starben, und wir konnten wenigstens zur Beerdigung kommen. Das war schon ein unmenschliches System.

*Hatten Sie als Beamter des Wirtschaftsministeriums besondere Schwierigkeiten bei DDR-Besuchen?*

Nein, das hat sich nicht ausgewirkt. Aber später konnte Hans uns besuchen, weil er als Rentner in den Westen durfte. Die DDR war ja wohl über jeden Rentner froh, der dann im Westen blieb.

*Gibt es über Sie eine Stasi-Akte?*

Da habe ich keine Ahnung. Das hat mich auch nie interessiert.

*Wie war das als Staatssekretär? Da war es für Sie sicher einfacher, bei Jelzin einen Termin im Kreml zu bekommen, als nach Markkleeberg zu fahren?*

So war das. Ich muss aber zugeben, dass ich in diesen dreieinhalb Jahren als Staatssekretär für private Reisen so gut wie keine Zeit hatte. Ich habe allerdings einmal Minister Stoltenberg nach Leipzig begleitet. Die Gelegenheit habe ich natürlich genutzt, um meine Verwandten zu sehen. Wir wohnten damals in dem Devisen-Hotel »Merkur« am Leipziger Hauptbahnhof. Und meine Nichte Ingrid wollte sich dort mit mir treffen. Aber sie wagte sich dann nicht in das Hotel hinein. Das war schon eine bedrückende Atmosphäre.

*Gibt es heute noch Familientreffen, wo sich alle sehen?*

Ja, wir haben uns meistens getroffen bei den Geburtstagen meiner Mutter – zum letzten Mal, als sie 88 wurde – und an Weihnachten. An Heiligabend sind meine Frau und meine Kinder bei der Familie meiner Frau. Und am ersten Weihnachtstag treffen wir uns alle bei meiner Schwester in Ludwigsburg.

*Ihre Eltern waren Zwangsumgesiedelte, Vertriebene, Auslandsdeutsche. In solchen Familien spielt oft das Nationale eine besondere Rolle. War das bei Ihnen auch so?*

Mein Vater war relativ unpolitisch. Aber prägend war das Deutsche, wie es gelebt und gesprochen wurde. Meine Eltern lebten ja in Bessarabien in einem Dorf von Deutschen und waren umgeben von Einheimischen, also von Rumänen und Russen. Da gab es, abgesehen vom Markt, kaum Berührungspunkte zwischen den verschiedenen Nationalitäten. In ihrem Dorf lebte unsere Familie wie auf einer Insel, und das Deutschtum war das, was als das Richtige galt.

*Sie waren damals ja noch nicht dabei.*

Richtig. Ich kenne nur die Erzählungen. Zum Beispiel weiß ich, dass dort damals raue Sitten herrschten. Die Männer haben regelmäßig gebechert und Karten gespielt, und die Frauen mussten sich allein um Kinder, Haus und Hof kümmern. Das war auch Teil der dortigen Bauernkultur.

*Haben Sie eine Ahnung, ob Ihre Eltern, als sie schließlich in Ludwigsburg lebten, zur Wahl gegangen sind?*

Ja, das waren eiserne Unions-Wähler.

*Wegen Adenauer?*

Meine Mutter war überzeugt, dass Adenauer die richtige Politik machte. Sie war auch für die Wiederbewaffnung und fand das normal und notwendig. Seit ihrer Flucht aus Ostdeutschland war der Kommunismus für sie eine reale Bedrohung.

*Sie sind das Kind von Vertriebenen, die nach der Vertreibung sogar noch zweimal fliehen mussten – erst nach Leipzig, dann nach Westdeutschland. Da haben Sie doch sicher Verständnis für Bestrebungen, in Deutschland ein »Zentrum gegen Vertreibung« zu errichten?*

Bevor ich mich dazu äußern werde, möchte ich Gelegenheit haben, mit allen Beteiligten zu sprechen.

*Haben Sie etwa prinzipielle Bedenken gegen ein solches Zentrum? Oder halten Sie sich deswegen zurück, weil Berlin als Standort umstritten ist, und zwar in der Bundesrepublik wie in Polen?*

Selbstverständlich ist es legitim, diesen Teil der europäischen Geschichte zu dokumentieren. Was Unrecht war, muss man auch als Unrecht bezeichnen dürfen. Aber eine solche Einrichtung sollte keine neuen Wunden aufreißen. Daher möchte ich mich zu dem möglichen Standort eines solchen Zentrums noch nicht äußern.

*Als Bundespräsident, der aus einer Vertriebenenfamilie stammt, wären Sie geradezu prädestiniert, das Zentrum zu eröffnen.*

Alles zu seiner Zeit.

*Zurück zu den Köhlers. Wurden Sie nach dem Tod des Vaters 1966 das informelle Oberhaupt der Familie?*

Nein, das kann man so nicht sagen. Die anderen waren alle älter und hatten zum Teil schon ihren eigenen Haushalt. Aber ich galt als der Intellektuelle. Es war für meine Brüder fast unbegreiflich, dass ich studierte. Aber sie haben das mit Respekt gesehen, ohne richtig zu wissen, ob sie mit mir tauschen wollten. Ich hatte zum Beispiel nie Geld, um Urlaub zu machen.

*Ihre berufstätigen Geschwister hatten mehr Geld als Sie.*

Ja, und die haben natürlich auch ihre Witze über den »Akademiker« gemacht.

*Haben Ihre Geschwister Sie, den Akademiker, manchmal um Rat gefragt?*

Arthur hat mich mal gefragt, wie er sein Geld anlegen sollte. Ich habe ihm das Prinzip der Risikostreuung erklärt.

*Sie hatten ein besonderes Verhältnis zu Ihrer Mutter und lebten sehr lange mit ihr unter einem Dach.*

Wir lebten in Ludwigsburg in der Wohnung, die wir bekamen, als wir aus dem Flüchtlingslager auszogen. Nach dem Studium zog ich erst nach Herrenberg-Mönchberg und 1977 nach Meckenheim bei Bonn. Dorthin holten meine Frau und ich unsere Mutter nach, als sie nicht mehr allein leben konnte. 1994 ist sie im Alter von fast 90 Jahren gestorben.

*Kommen wir noch mal zurück zu Ihrer Zeit als Schüler. Sie sind in Markkleeberg bei Leipzig eingeschult worden und haben die Volksschule, wie das damals hieß, in Ludwigsburg bis zur vierten Klasse besucht. Was waren Ihre Lieblingsfächer?*

Deutsch und Geschichte.

*Und was konnten Sie gar nicht ausstehen?*

In der Grundschule hatte ich keine Probleme.

*Und im Gymnasium?*

Im Gymnasium habe ich mich ein bisschen schwer getan mit Physik.

*Und Sport?*

Da war ich gut. Ich war auch weiterhin in Deutsch und Geschichte gut, habe dann aber den Übergang vom Erlebnisaufsatz zur Erörterung ein bisschen verschlafen und hatte zu Hause keinerlei Unterstützung. Wie auch? Da ließ ich dann nach. Gute Leistungen brachte ich, wenn mich etwas besonders interessierte.

*Können Sie sich noch an irgendeinen Lehrer erinnern, der für Sie entscheidend war?*

Oh, ja, das war der Lehrer Balle im Flüchtlingslager in Backnang. Ich war so zehn Jahre alt und wollte immer auf zwei Fingern pfeifen. Das hat nie geklappt – aber dann plötzlich im Unterricht. Da ließ mich Herr Balle eine Stunde nachsitzen. Während dieser Stunde hat er mir klar zu machen versucht, dass ich an der Schule doch etwas mitbekommen würde fürs Leben.

*Mit welchem Ergebnis?*

Ich hab mich gefragt, was will der eigentlich? Aber als wir dann nach Ludwigsburg kamen, erhielten meine Eltern eine Vorladung von der Schulbehörde. Der lag nämlich ein Brief von Lehrer Balle vor, der mich fürs Gymnasium empfahl.

*Und was bewirkte der Brief?*

Meine Mutter war sofort dafür, und meinem Vater war es nicht so wichtig. Also kam ich aufs Gymnasium.

*Haben Sie sonst noch Erinnerungen an einzelne Lehrer, die Sie besonders geprägt haben?*

Nein, abgesehen davon, dass wir mal einen Chemielehrer hatten, der besonders skurril war. Es gab auch einen, der immer sagte: »Ihr werdet alle Verbrecher.« Aber woran ich mich wirklich gut erinnere, ist die Tatsache, dass die Flüchtlingskinder im Gymnasium im Unterschied zur Grundschule nicht mehr schlechter behandelt wurden als die einheimischen Schüler.

*Auf dem Gymnasium war demnach alles in Ordnung?*

Mehr oder weniger schon. Aber ich erinnere mich, dass ich im Gemeinschaftskundeunterricht mal über soziale Fragen diskutieren wollte. Also, wer hat wie viel und warum? Aber das stieß weder beim Lehrer noch bei den Mitschülern auf lebhaftes Interesse.

*Das Abitur haben Sie bestanden, aber nicht gerade glänzend mit Note vier oder so.*

Die Durchschnittsnote lag näher bei drei als bei vier, wenn ich mich recht erinnere.

*Haben Sie nicht viel gelernt, weil es damals noch keinen flächendeckenden Numerus clausus gab und selbst ein schlechtes Abitur den Weg zur Universität eröffnete?*

Nein, das war nicht der Grund. Ich war in der Zeit abgelenkt und habe nur das gemacht, was ich machen musste.

*Abgelenkt?*

Durch ein Mädchen, das ich gut ein Jahr vor dem Abitur kennen gelernt hatte.

*Im Flüchtlingslager waren Sie der Anführer, sagen Sie. Blieb das in der Schule so? Waren Sie Klassensprecher?*

Klassensprecher war ich auch mal, aber in der Schule war ich nur Anführer, wenn es sich durch mein sportliches Talent ergab.

*Was waren Ihre Hobbys am Gymnasium?*

Vor allen Dingen Sport. Ich war eigentlich in fast allen Sportarten recht gut.

*Haben Sie im Verein gespielt?*

Nein. Aber ich habe in der Schule und bei der Bundeswehr in der Handball-Auswahlmannschaft gespielt.

*Hatten Sie einen großen Freundeskreis?*

Nicht unbedingt. In Ostdeutschland waren wir eine Gruppe von fünf bis acht Kindern. Der Bauernhof, den wir hatten, der war eine Attraktion für Jungen.

*Und in Ludwigsburg?*

Da hatte ich eigentlich drei gute Freunde.

*Haben Sie noch Kontakt?*

Leider nicht mehr.

*Wann und wie lernten Sie Ihre Frau kennen?*

Näher kennen gelernt habe ich sie 1964. Sie wohnte in der Nachbarschaft, wir kannten uns also. Aber gefunkt hat es erst später.

*Nach einem Kinobesuch.*

Genau. Es war der Film »Das siebte Siegel« von Ingmar Bergman. Als wir rauskamen, regnete es, und sie hatte einen Schirm dabei.

*Ihre Frau hat erzählt, sie hätte schon vorher ein Auge auf Sie geworfen.*

Das ist wohl wahr.

*Aber Sie haben das gar nicht gemerkt, oder?*

Nicht wirklich, denn sie ist ja vier Jahre jünger als ich, und als Achtzehnjähriger interessiert man sich nicht unbedingt für eine Vierzehnjährige. Aber sie ist mir zum ersten Mal aufgefallen, als sie zusammen mit meiner Schwester Uschi konfirmiert wurde. Da fand ich sie schon süß.

*Also, seit 1964 sind Sie beide zusammen.*

Ich war damals bei der Bundeswehr. Da war ich 21 und meine Frau 17.

*Das war in den sechziger Jahren, die Zeit, in der immer mehr ohne Trauschein zusammenlebten. Konnten Sie die Freundin nachts mit nach Hause bringen?*

Ausgeschlossen. (Lacht.) Vielleicht war ich da auch ein bisschen zurückgeblieben. Das wäre mir nie eingefallen. Es wäre auch schon wegen der sehr beengten Wohnung gar nicht möglich gewesen.

*Und in der Familie Ihrer Frau war das ähnlich?*

Sie wuchs sehr behütet auf.

*Diese Liebe überdauerte dann auch Ihre Bundeswehrzeit.*

Ja, ich fing 1965 mit dem Studium an. Wir waren da riesig verliebt ineinander und haben uns dann 1967 richtig verlobt. Vorher hatte ich bei meinem Schwiegervater um ihre Hand angehalten.

*So ganz förmlich?*

Mit den üblichen Unsicherheiten. Aber er hat es mir leicht gemacht, indem er beim Abendessen sagte: Ich glaube, Sie wollen mich etwas fragen.

*Sie haben 1969 geheiratet, nach dem Examen – wie es sich damals gehörte. Hatten Sie eine Vorstellung von der Größe der Familie? Wollten Sie auch acht Kinder?*

Nein, diese Vorstellung hatten wir nicht. Klar, wir wollten Kinder, aber nicht sofort. Meine Frau war Lehrerin. Ich war wissenschaftlicher Referent am Institut für Angewandte Wirtschaftsforschung in Tübingen und wollte auch ein Haus bauen.

*Da waren Sie schon ein echter Schwabe.*

Ja, ich habe mich tatsächlich festgelegt auf ein Haus. Wir haben 1973 etwa 15 Kilometer von Tübingen entfernt in Mönchberg, einem Stadtteil von Herrenberg, ein Grundstück erworben und ein Fertighaus gekauft. Das gesamte Untergeschoss haben wir selbst gebaut. Das war eine richtige Viecherei. Ich musste die Steine von Hand den Hang hinauftragen. Das ging alles nur, weil mein Bruder Ede Maurer und mein Schwager sogar Polier war.

*Sie sind seit 35 Jahren verheiratet. Damit sind Sie heute schon fast ein Exot.*

Seit 35 Jahren, ja! Das ist ein Glück, und ich betrachte es als ein großes Geschenk, dass wir uns immer noch lieben.

*Was schätzen Sie an Ihrer Frau besonders?*

Ihre Natürlichkeit, ihren gesunden Menschenverstand und ihre Aufmerksamkeit für Menschen. Sie spürt, was die Leute umtreibt oder beschwert. Das hat auch mir immer geholfen.

*Was dürfte Ihre Frau an Ihnen weniger schätzen?*

Ich glaube, meiner Frau ist meine Risikobereitschaft manchmal nicht ganz geheuer und auch meine Konfliktbereitschaft.

*Gilt das nur für private Dinge oder auch im Beruf?*

Das gilt für den Beruf. Privat hätte sie sich möglicherweise gewünscht, ich hätte der Familie mehr Zeit widmen können.

*Sie praktizieren die traditionelle Arbeitsteilung: Der Mann geht hinaus ins feindliche Leben, und die Frau managt die Familie, oder?*

Nicht ganz. Meine Frau war zeitweise auch berufstätig als Lehrerin an einer Schule für Lernbehinderte. Aber irgendwann wurde diese Doppelbelastung dann doch zu viel.

*Die Frage, ob Sie kürzer treten, damit Ihre Frau arbeiten kann, hat sie nicht gestellt?*

Nein, die hat sie so nicht gestellt. Meine Frau hat akzeptiert, dass ich mit meinem Berufsweg das »Prä« hatte.

*Jemand, der Ihren Berufsweg aus ziemlich großer Nähe miterlebt hat, sagte mir: Der Köhler hat eine Stärke und eine Schwäche: Das, was er gerade macht, hält er für das Allerwichtigste.*

Da ist etwas dran. Das ist die Konzentration auf das, was erledigt werden muss. Das kann Ihnen den Blick für das, was rechts und links geschieht, ein bisschen verstellen. Das kann man als Schwäche bezeichnen. Aber – jetzt muss ich mich ja verteidigen – ich habe das, was ich fokussiert gemacht habe, nie isoliert gesehen. Ich habe mich immer auf eine Aufgabe konzentriert, um das Ganze voranzubringen. Kein Mensch kann gleichzeitig für alles Lösungen finden. Ich habe oft gesagt: Ich denke an das Ganze, aber im Rahmen dieses Ganzen ist dieser Punkt besonders wichtig.

*Und das Ganze, was verstehen Sie darunter?*

Dass man weiß, wie sich die eigenen Ziele in die Gemeinschaft fügen. Darüber hinaus habe ich mich immer davon leiten lassen, dass es allen Menschen besser geht. Aber das geht nur, wenn jeder seine Teilaufgabe erledigt.

*Ihre Frau war, wie das bei vielen erfolgreichen Männern der Fall ist, im Grunde eine verheiratete Alleinerziehende.*

Zumindest einige Jahre lang.

*Wenn Sie dann zu Hause waren, was für ein Vater waren Sie? Eher ein Kumpel oder eher ein strenger Vater?*

Ich war nicht unbedingt streng. Aus der Sicht der Kinder war der Papa eigentlich immer lieb. Aber da müssten Sie eigentlich meine Kinder fragen.

*War es das schlechte Gewissen, das einem sagte: Ich bin ja so selten da?*

Möglicherweise. Ich habe mit meiner Frau diskutiert, wie wir Erziehung verstehen wollen. Damals waren die antiautoritären Theorien im Kommen, und wir haben uns mit ihnen auseinander gesetzt. Wir hielten sie nicht für richtig. Aber wir waren sicherlich freier als meine eigenen Eltern uns gegenüber und sind in gewisser Weise auch mit der Zeit gegangen.

*Aber die Kinder haben zu Ihnen Papa und Mama gesagt und nicht etwa Horst und Eva?*

(Lacht.) Aber ja. Ich habe es immer als merkwürdig empfunden, wenn kleine Kinder ihre Eltern mit dem Vornamen angeredet haben. Da sehe ich kein wirkliches Problem, aber irgendwie finde ich es nicht natürlich.

*Gab es in der Familie bestimmte Rituale?*

Es gab das Ritual, zumindest gemeinsam zu frühstücken. Wir sind evangelisch und haben die Kinder auch erzogen, sich mit Religion zu befassen, aber mehr im Spielerischen. Meine Frau hat an der Stelle viel mit Büchern gearbeitet.

*Gehörte der gemeinsame Kirchgang dazu?*

Der war nicht die Regel. Wir gehen Ostern und Heiligabend immer in die Kirche. Meine Frau kommt aus einer in diesen Dingen etwas liberaleren Familie. Deshalb haben wir aus dem Kirchgang keine Regel gemacht.

*Ihr Sohn wurde mit 17 Jahren Vater. War das ein Schock für Sie?*

Das können Sie aber glauben.

*Da fragt man sich zwangsläufig, ob man etwas falsch gemacht hat.*

Ja, natürlich. Ich habe dann festgestellt, dass ich tatsächlich nicht gemerkt hatte, was er eigentlich in den Wochen und Monaten zuvor getan hatte, mit wem er zusammen war. Mir war es wichtig, dann lange mit ihm zu reden, um das auch selbst aufzuarbeiten. Wir haben ihn damals finanziell unterstützt, damit er seinen Verpflichtungen gegenüber der Mutter und dem Kind nachkommen konnte. Mich freut, dass mein Sohn heute regelmäßig Kontakt mit dem Kind hat und mehr tut, als nur Geld zu überweisen.

*Ein schwerer Schicksalsschlag war die allmähliche Erblindung Ihrer Tochter. Wann haben Sie etwas von dieser Erkrankung bemerkt?*

Als sie acht, neun Jahre alt war, da tauchten die ersten Symptome auf. Da hatten wir das Gefühl, sie sehe nicht richtig. Die Augenärzte sagten, ja, Ihre Tochter sieht schlecht, konnten aber nichts Besonderes feststellen. Das hat sich dann in der Pubertät verschlechtert, und wir standen vor der Frage, ob wir sie aus der Schule nehmen oder nicht. Ich bin dann in die Schule gegangen und habe mich darum bemüht, dass die Lehrer ihr helfen. Aber irgendwie hat das nicht geklappt. Ulrike brauchte beispielsweise bei Klassenarbeiten ein vergrößertes Arbeitsblatt, um es lesen zu können. Aber da gab es einen Lehrer, der das immer vergessen hat. Dieser Mangel an Aufmerksamkeit, auch bei den Mitschülern und bei den Elternvertretern, hat mich schon bedrückt. Ich habe darunter sehr gelitten. Da haben wir uns dann entschieden, Ulrike mit 16 in die Studienanstalt für Blinde und Sehbehinderte nach Marburg zu geben. Die Fröhlichkeit, die wir da bei den blinden Mitschülern kennen gelernt haben, die war für meine Frau und mich sehr hilfreich. Dort hat unsere Tochter auch das Abitur gemacht.

*Sie haben damals reiten gelernt, um mit Ihrer Tochter ausreiten zu können.*

Ja, sie ist eine leidenschaftliche Reiterin. Wir haben ihr sogar ein Pferd gekauft, weil der Arzt meinte, eine optimistische Grundstimmung könne möglicherweise dem Erblindungsprozess entgegenwirken. Und ich habe reiten gelernt. Wir hatten zusammen wunderbare Ausritte. Das werde ich wohl nie vergessen.

*Das war doch alles furchtbar. Die Eltern mussten das Kind trösten, obwohl sie selbst Trost brauchten.*

Ich habe mich besonders schwer getan mit diesem Schicksalsschlag. Die Erkenntnis, hier an Grenzen zu stoßen, dass der Verlauf dieser Krankheit irreversibel ist, ich also nichts dagegen machen konnte, das war für mich ein Schock.

*Ihre Frau und Sie sind doch sicher von Arzt zu Arzt gelaufen.*

Wir haben zahllose Spezialisten aufgesucht. Ich erinnere mich noch genau an den November 1989. Da waren wir in Boston in einer Spezialklinik, und ich musste vorzeitig nach Bonn zurückfliegen, um von Hans Tietmeyer das Amt des Staatssekretärs im Bundesfinanzministerium zu übernehmen. Nur ein paar Stunden vor der feierlichen Amtsübergabe hatte mir meine Frau telefonisch das Ergebnis der Untersuchung mitgeteilt: Ulrikes Krankheit war unheilbar. Ich aber musste vor den Mitarbeitern des Ministeriums meine Antrittsrede halten. Da habe ich zum ersten Mal in meinem Leben gedacht, du bist hier am falschen Platz. Ich habe die Rede dann doch einigermaßen hinbekommen, auch wenn die Leute sicher gemerkt haben, dass mit mir etwas nicht stimmte.

*Hadert man dann mit seinem Schicksal und fragt sich: Warum passiert das ausgerechnet mir?*

Ja, man fragt sich schon: Musste das so kommen? Aber ich haderte weniger mit meinem Schicksal, sondern fragte mich schlicht, ob das zeitaufwändige Amt des Staatssekretärs gerade in dieser Zeit für meine Familie in dieser Situation zu verkraften war.

*Hilft einem in einer solchen Situation der Glaube?*

Ja, da ist mir dies so richtig klar geworden. Ich war vorher nie in existenziellen Krisensituationen gewesen. Mein Leben war, abgesehen von äußeren Veränderungen wie der Flucht, immer stetig gewesen: ein gutes Examen gemacht, sofort einen Job bekommen, dann ins Ministerium. Überall entwickelte ich mich irgendwie aufwärts. Aber hier war eine Zäsur.

*Sie sind dann 1993 zum Sparkassen- und Giroverband gegangen, um sich mehr um die Familie kümmern zu können. Hatten Sie ernsthaft gemeint, in einem solchen Job mehr Zeit zu haben?*

Ich dachte schon, ich könnte über meinen Terminkalender besser selbst entscheiden. Das stimmte jedenfalls zum Teil, denn in den Jahren von 1989 bis 1993 war ich ja quasi öffentliches Eigentum gewesen. Aber ich hatte mir wieder etwas vorgenommen. Der Entscheidung, zum Sparkassen- und Giroverband zu gehen, lag eine konzeptionelle Überlegung zugrunde. Sie lautete schon damals: Globalisierung braucht einen Gegenpol – in der Heimat, in der Region. Und diese Einstellung wollte ich konzeptionell in die Sparkassenpolitik einbringen. Und wenn Sie so etwas versuchen, müssen Sie viel arbeiten.

*Die finanziellen Aspekte haben doch sicher auch eine Rolle gespielt.*

Die haben auch eine Rolle gespielt, ja.

*Sie haben Ihr Einkommen damals schätzungsweise verdoppelt?*

Das kommt wohl ungefähr hin.

*1998 gingen Sie in den politischen Bereich zurück, zur Europäischen Bank für Wiederaufbau und Entwicklung nach London. Ist Ihre Tochter mitgegangen?*

Nein. Sie hat in Marburg ihr Abitur gemacht und ist dann nach Frankfurt gezogen.

*Seit dieser Zeit lebt die Tochter nicht mehr bei der Familie?*

Jochen blieb in Bonn und Ulrike in Frankfurt. Beide studieren.

*Ulrike lebt dort allein?*

Sie hat einen Freund, aber sie hat ihre eigene Wohnung. Das ist nicht einfach, aber es geht. Das ist ja das Tolle: Ulrike ist stark, sie weiß, was sie will.

*Sie sind 2000 nach Washington gegangen. Wie oft haben Sie die Kinder in der Zeit noch gesehen?*

Drei- bis viermal im Jahr. Die Kinder sind ab und zu nach Washington gekommen. Aber Weihnachten waren wir immer in Ludwigsburg zusammen. Da kommen dann auch meine Geschwister, wenn es irgendwie möglich ist.

*Wenn Sie noch mal ein junger Ehemann und Vater wären, was würden Sie anders machen? Würden Sie überhaupt etwas anders machen?*

Ich würde ein bisschen mehr darauf achten, dass ich mit meiner Frau mehr im Detail durchspreche, was wir tun. Im Nachhinein frage ich mich schon, ob ich ihr nicht zu viel Alleinerziehung zugemutet habe.

*Sie haben viele öffentliche Ämter gehabt. Seit wann müssen Sie mit Bodyguards leben?*

Bodyguards hatte ich während meiner Zeit als Staatssekretär. Ich erinnere mich noch gut, wie mein Sohn eines Tages weinend nach Hause kam. Ein Schulkamerad hat ihn gefragt, ob sein Vater bald erschossen wird.

*Wie das?*

Die »Bild«-Zeitung hatte berichtet, ich gehörte zu den fünf am meisten gefährdeten Personen. Mein Name war wohl in Kassibern der RAF aufgetaucht.

*Weil Sie als Finanz-Staatssekretär zuständig waren für die Treuhand?*

Wahrscheinlich.

*Und wie war das in Washington?*

Da hatte ich einen Sicherheitsbeamten.

*Insofern ist der Personenschutz für Sie nichts Neues?*

Nein. Ich wünschte, dies wäre nicht notwendig.

*Manche Politiker geben sehr viel Privates preis und tun für eine »home story« ziemlich viel. Wo ist für Sie die Grenze?*

Die Öffentlichkeit soll durchaus wissen, wer ich bin. Und zu mir gehört auch meine Familie. Meinen Geburtsort, meine Lebensgeschichte, den Ort meiner Einschulung – das können Sie alles in einen Kontext stellen. Wenn man in ein öffentliches Amt gewählt wird, dann bleibt ohnehin wenig geheim. Deshalb habe ich auch nach meiner Nominierung ganz offen über meinen unehelichen Enkel und über die Erblindung unserer Tochter gesprochen. Das sollte nicht von Journalisten enthüllt werden. Die Bürger können ruhig wissen: Das sind die Köhlers mit ihren Stärken, Schwächen und Schicksalsschlägen. Aber ich meine auch, dass die Medien jetzt genug Privates über uns wissen.

*Sie würden demnach die Tür nicht aufmachen für ein Fernsehteam, damit der Zuschauer mal sieht, welche Bilder im Schlafzimmer hängen?*

Nein.

*Und Sie würden sich auch nicht beim Rasieren filmen lassen?*

Absolut nicht.

*Bleiben wir innerhalb der Grenzen. Was sind in Ihrem Leben die wichtigsten Bücher, wenn ...*

(Lacht.) Wenn es die überhaupt gibt, meinen Sie?

*Nein, ich meine, wenn man einige wenige überhaupt herausheben kann.*

Ich bin, als ich so etwa 16 war, zufällig auf Meister Eckhart gestoßen, habe später »Herr der Ringe« gelesen. Ich war in der Schule bei der Lektüre von Goethe und insbesondere des »Faust« sehr engagiert. Science-Fiction fasziniert mich bis heute. Orwell und Huxley habe ich geradezu verschlungen. Die »Buddenbrooks« von Thomas Mann haben mich gefesselt. Während des Studiums hatten es mir die Klassiker der Nationalökonomie angetan, vor allem die Werke von Adam Smith, Joseph Schumpeter, John Maynard Keynes und Friedrich Hayek. Die schrieben ja nicht nur über Ökonomie, sondern zugleich über Geschichte, über Gesellschaft, über Politik und Philosophie.

*Und die zeitgenössischen Autoren?*

Von Solschenizyn, Siegfried Lenz und Günter Grass habe ich fast alles gelesen.

*Böll? Walser?*

Böll viel, Walser weniger. Als Student habe ich mich zudem für die Soziologie interessiert und Karl Popper verinnerlicht. Als Mitglied im Kuratorium der Stiftung »Weltethos« befasse ich mich mit Fragen der Ethik auf globaler Ebene.

*Was lesen Sie, um sich zu entspannen, zum Beispiel auf langen Flügen?*

Krimis. Ich bin ein Fan von Kommissar Wallander und lese Donna Leon, auch wenn sie mir mit ihren Stereotypen manchmal auf den Wecker geht.

*Haben Sie Zugang zur Musik?*

Meine Frau ist viel musikalischer als ich. Sie hat aber mein Interesse für Musik geweckt. Ich sang als Zweiter Tenor im Männergesangverein in Mönchberg.

*Im Gesangverein?*

Ja, auf diese Art bekam ich Kontakt zu den Leuten in unserem Wohnort. Meine Frau und ich gehen sehr gern in die Oper. Da haben uns London und Washington einiges geboten. Aber jetzt freuen wir uns natürlich auf Berlin.

*Klassische Opern?*

Vor allem.

*Können Sie auch mit den modernen Komponisten etwas anfangen, mit Stockhausen zum Beispiel oder Schönberg?*

Ich kann nicht sagen, dass mir diese Musik gefällt, aber sie regt an.

*Wie sieht es bei der Malerei aus?*

Je älter ich werde, desto mehr liebe ich schöne Bilder. Ich habe mir auch eine kleine Sammlung an Papierarbeiten angelegt. Auf einer Reise mit Finanzminister Stoltenberg habe ich 1982 mal einen jungen Künstler in der DDR kennen gelernt. Der sprach uns an, bekam dann aber sofort Schwierigkeiten mit der Stasi.

*Wer ist das?*

Reinhard Roy. Den haben wir dann rausholen können. Seitdem haben wir Kontakt, und er macht mich auf neue künstlerische Entwicklungen aufmerksam.

*Was sind neben Lesen und Musik Ihre sonstigen Freizeitvergnügungen?*

Wir wandern und fahren nach Weihnachten regelmäßig Ski.

*Abfahrt?*

Abfahrt, ja. Außerdem haben wir angefangen, Golf zu spielen. Das kann man gut zu zweit machen.

*Sie joggen doch auch?*

Zweimal in der Woche, je nach Verfassung drei bis vier Kilometer. Das will ich auch beibehalten.

*Können Sie kochen?*

Ich war früher ein guter Koch. Am Anfang unserer Ehe war ich für den Festtagsbraten zuständig, weil ich das bei meiner Mutter gelernt hatte. Ich habe immer die Ansicht vertreten, zur Zubereitung eines Bratens braucht man Fantasie und Mut. Aber mein Ehrgeiz auf diesem Gebiet hat sich inzwischen gelegt.

*Wer ist in der Familie für die Finanzen zuständig?*

Ich versuche es meiner Frau zu überlassen.

*Aber die Anlage-Entscheidungen treffen Sie?*

Im Wesentlichen, ja.

*Wenn Sie eine Million Euro geschenkt bekämen, was würden Sie damit anfangen?*

Ich würde wohl jedem meiner beiden Kinder eine schuldenfreie Immobilie überlassen. Und wenn noch etwas übrig bliebe, würde ich mir einen Jugendtraum erfüllen und eine Trekkingtour durch den Himalaja machen.

*Hat das Leben im schwäbischen Ludwigsburg einen sparsamen Menschen aus Ihnen gemacht?*

Ich bin immer mit dem Geld ausgekommen, das ich hatte. Ich habe auch immer etwas gespart – nicht verkrampft, aber stetig.

*Wie unterscheiden Sie zwischen Sparsamkeit und Geiz?*

Wenn mir etwas wichtig ist, kann ich auch Geld ausgeben. Ich bin auch hier meiner Mutter ähnlich. Die hat nie billig eingekauft, sondern im Zweifel lieber noch etwas länger gespart, um sich eine bessere Qualität leisten zu können. Ich kann auch sehr großzügig sein. Ich kann ohne Gewissensbisse einen teuren Urlaub buchen, aber auch lange Zeit ganz wenig ausgeben.

*Als Sie nach Ihrer Nominierung zum ersten Mal nach Berlin kamen, fuhren Sie mit der Bahn in der 2. Klasse. War das eine demonstrative Sparsamkeit, also politisches Kalkül? Oder buchen Sie privat grundsätzlich 2. Klasse?*

Das war eine ganz pragmatische Entscheidung. Auch in der 2. Klasse im Intercity lässt es sich gut reisen. Etwas anderes ist es auf Langstreckenflügen. Da kann sich das teurere Ticket schon lohnen, vor allem, wenn man gleich nach der Ankunft ausgeruht und frisch sein muss.

*Was ist Ihre Vorstellung von Glück?*

Dass ich mich in einer harmonischen Balance mit mir, meiner Familie und der Welt befinde. Dabei fällt mir eine Weisheit von Konfuzius ein: »Wer ständig glücklich sein möchte, muss sich oft verändern.«

## 3
## Studium und Karriere

### »Die reine Theorie war nicht das Richtige für mich«

*Als Volkswirt ist mir der Spruch geläufig: Wer nichts wird, wird Wirt – und wer gar nichts wird, wird Volkswirt.*

(Lacht.) Den kenne ich auch.

*Was hat Sie denn an der Ökonomie so gereizt?*

Ich habe schon relativ früh über die Literatur Zugang gefunden zu gesellschaftlichen und politischen Fragen. Da ich selbst nicht gerade auf Rosen gebettet war, hat mich besonders die politische Dimension der Volkswirtschaftslehre interessiert, die Frage also, wie man den Menschen ein Auskommen und Würde geben kann. Wenn ich nichts zum Essen habe und kein Dach über dem Kopf, dann kann mir jemand viel über Würde und Freiheit erzählen, das interessiert mich dann möglicherweise erst in zweiter Linie. Letztlich geht es bei volkswirtschaftlichen Fragen darum, wie man einem Volk zu Arbeit und sozialem Frieden verhelfen kann. Das hat mich gepackt, diese politische Dimension der Ökonomie. Sie muss heute allerdings vor allem auch in ihren internationalen Zusammenhängen gesehen und beurteilt werden.

*Wenn Sie als Sohn eines Vorstandsvorsitzenden in einer Villa aufgewachsen wären, wären Sie also gar nicht zur Ökonomie gekommen?*

Möglicherweise nicht. Meine Biografie war sicher einer der Impulse für mein Studium. Und es hat mir dann auch viel gegeben.

*Wann haben Sie sich für VWL entschieden?*

Die Entscheidung habe ich während der Bundeswehrzeit getroffen. Ich hatte mich, auch wegen des Geldes, für zwei Jahre verpflichtet. An der Kampftruppenschule in Hammelburg musste ich als Fähnrich auch Politische Bildung unterrichten. Da kam ich zwangsläufig auch mit wirtschafts- und gesellschaftspolitischen Fragen in Berührung.

*Als Sie studierten, spielte die Abschlussnote ja noch nicht die Rolle wie heute. Da bekam man auch mit einem Dreier-Examen einen Job. Wenn Sie also an Ihre Studienzeit zurückdenken, was überwog da – die harte Arbeit oder das lustige Studentenleben?*

Ich wollte das Studium schon aus finanziellen Gründen in möglichst kurzer Zeit beenden. Als Darlehen nach dem Honnefer Modell, so hieß das Bafög damals, bekam ich 240 Mark, außerdem gab es 100 Mark von meinem Vater, solange er lebte. Darum musste ich während des Studiums Geld verdienen. Während der letzten drei Semester habe ich dann nur noch in den Ferien gejobbt, um während der Vorlesungszeit konzentriert arbeiten zu können.

*Was haben Sie denn da für Jobs gehabt?*

Alles Mögliche. Schon in der Schulzeit habe ich für 50 Pfennige in der Stunde in einer Gärtnerei gearbeitet. Als Student machte ich dann Schichtdienst bei der Bahnpost, habe da Postsäcke umgeladen. Ich habe auch bei Altkleidersammlungen mitgearbeitet, mit dem LKW quer durchs Land, um Kleidersäcke einzuladen. Besonders hart war es auf dem Bau bei den Gipsern. Ich erinnere mich noch gut an diese schmutzige Arbeit hoch auf dem Gerüst. Und unten sah ich andere junge Leute herumspazieren, Liebespärchen, die sich amüsierten. Da fühlte ich mich irgendwie benachteiligt, das hat mir manchmal schon zu schaffen gemacht.

*Sie studierten ja in der Zeit der so genannten Studentenrevolte, Stichwort: Achtundsechziger. Die Linken forderten damals »Politische Ökonomie« als Pflichtfach. Das hieß natürlich Politische Ökonomie im Sinne der marxistischen Lehre. Wurde das in Tübingen auch gefordert?*

Das gab es in Tübingen natürlich auch, mit »sit-ins«, Störung der Vorlesungen und so weiter. Ich hörte damals bei Alfred Ott »Mathematische Preistheorie« und übrigens auch die Arbeitswertlehre von Karl Marx und fand das wohltuend analytisch. Ich ging auch gern in die politikwissenschaftlichen Vorlesungen von Theodor Eschenburg und hörte Ralf Dahrendorf. Die Themen und Fragen der Achtundsechziger interessierten mich durchaus. Darum habe ich außerhalb der Vorlesungen auch mitdiskutiert, zum Beispiel mit Dieter Spöri, dem späteren SPD-Landesvorsitzenden und Wirtschaftsminister in Baden-Württemberg. Es war nicht so, dass ich die anderen alle für Verrückte oder Revoluzzer gehalten hätte. Inakzeptabel fand ich aber, dass Vorlesungen gestört wurden. Denn ich wollte was lernen.

*Haben Sie versucht, etwas gegen die Sprengungen von Vorlesungen zu tun? Haben Sie sich etwa beim Ring christlich-demokratischer Studenten (RCDS) engagiert?*

Nein, da habe ich mich nicht engagiert. Wenn »sit-ins« angesagt waren, bin ich nicht hingegangen, weil es einfach verlorene Zeit war.

*Bei den AStA-Wahlen haben Sie aber schon gewählt?*

Natürlich. Aber nicht die Revoluzzer.

*Haben Sie Rudi Dutschke mal erlebt oder andere prominente Figuren aus der linken Szene?*

Nein, Tübingen war schließlich nicht im Zentrum des Geschehens.

*Gab es an Ihrer Uni auch Gesinnungsterror gegen Professoren?*

Durchaus. Auch Professor Ott war manchmal das Ziel von Attacken. Er wurde als »Fachidiot« angegriffen. Das fand ich anmaßend und nicht akzeptabel.

*Aber es war Ihnen wichtiger, das Studium schnell zu Ende zu bringen, als sich politisch zu engagieren?*

Das stimmt. Aber noch mal: Ich empfand nicht die Fragen, die gestellt wurden, als unanständig, sondern die Methoden der Diskussion und des Krawalls, die angewandt wurden.

*Wie fällt Ihre Bilanz der Achtundsechziger-Bewegung aus?*

Unterm Strich war es eine Entwicklung, die fast zwangsläufig kam. Deutschland war nach dem Ende des Zweiten Weltkrieges vor allem mit dem Wiederaufbau und materiellen Verbesserungen beschäftigt. Das Spektrum und das Klima für politische Diskussionen waren begrenzt. Aus heutiger Sicht ist die Achtundsechziger-Entwicklung für mich eigentlich keine Überraschung.

*Das hat Roman Herzog 1994 fast wörtlich ebenso formuliert – die so genannten Errungenschaften der Achtundsechziger wären ohnehin gekommen.*

Das ist interessant. Das wusste ich gar nicht.

*Aber noch einmal zurück zu der Kritik an der Adenauer-Ära, zum Vorwurf des Duckmäusertums und der Behauptung, das sei damals keine richtige Demokratie gewesen. Wird diese Zeit nicht häufig schlecht gemacht, um die vermeintlichen Erfolge der Achtundsechziger in einem besseren Licht erscheinen zu lassen?*

Da ist schon was dran. In Wahrheit haben die Adenauer-Ära und die soziale Marktwirtschaft von Ludwig Erhard Fundamente geschaffen, auf denen wir noch heute aufbauen können. Dennoch würde ich die Achtundsechziger-Phase insgesamt nicht als Unglück für die Bundesrepublik betrachten, und wenn es auch nur um die Lehre geht, dass Politik nicht selbstzufrieden werden darf. Ich bin allerdings nicht der Meinung, dass die Achtundsechziger die Republik gerettet hätten. Ich kritisiere, dass sie Erwartungen geweckt haben hinsichtlich der Steuerbarkeit von Wirtschaft und Gesellschaft, die illusionär sind. Die heutige Überforderung des Staates in Deutschland hat hier wesentliche Wurzeln. Deutschland brauchte die Achtundsechziger nicht, aber sie haben Akzente verstärkt beziehungsweise beschleunigt, zum Beispiel in der Umweltpolitik oder für die Rolle der Frauen, die positiv sind.

*Ist damals nicht doch vieles zerstört und verächtlich gemacht worden, was wir heute dringend bräuchten? Der Grundkonsens über Werte zum Beispiel oder der Leistungsbegriff?*

Wir leiden in der Tat darunter, dass Tugenden wie Fleiß, Ehrlichkeit und Verlässlichkeit zum Teil verächtlich gemacht wurden – der Leistungsbegriff ist heute ambivalent geworden.

*Hat das nicht seine Ursachen in den Achtundsechzigern?*

Die hatten wohl ihren Anteil. Aber ich sage noch einmal: Ob eine lineare Entwicklung ohne 1968 um so viel besser gewesen wäre, weiß ich nicht. Denn Sie werden sich auch daran erinnern, dass zum Beispiel die Auffassung, Sozialstaat bedeute vor allem Umverteilung, keineswegs auf die Achtundsechziger beschränkt war. Da gab und gibt es auch Irrungen und Wirrungen anderswo.

*Die Herren Schellenberg (SPD) und Katzer (CDU) haben schon heftig für einen Ausbau des Sozialstaates gekämpft.*

Und Norbert Blüm hat dies noch fortgesetzt, als wir wegen der deutschen Vereinigung längst keinen Spielraum mehr dafür hatten.

*Aber 1968 ging es nicht so sehr um die Frage der Rentenhöhe. Die Verhöhnung des Rechtsstaates, dass »law and order« zum Schimpfwort wurde – das gehört doch auch zum Erbe der Achtundsechziger.*

Da widerspreche ich auch gar nicht. Und heute müssen wir vor allem auch in den Entwicklungsländern feststellen, wie unentbehrlich »law and order« gerade auch für die Armutsbekämpfung sind.

*Der Ex-Grüne und RAF-Verteidiger Schily sagt ja heute, ohne rot zu werden, »law and order« sei ein alter sozialdemokratischer Begriff.*

Otto Schily hat einen enormen Lernprozess hinter sich. Ich sage dies mit Respekt.

*Den Lebensstil der Achtundsechziger, Wohngemeinschaften, freie Liebe und so weiter, haben viele »Bürgerliche« immer mit einer Mischung aus Empörung und Neid betrachtet. Wie haben Sie das damals empfunden?*

Ich hätte nicht so leben wollen. Mich hat das Leben in Kommunen, auch wie es in den Medien zelebriert wurde, eher abgestoßen.

*1969 war ein politisch bewegtes Jahr. Können Sie sich noch erinnern, wen Sie bei der Bundestagswahl 1969 gewählt haben?*

Ich habe 1969 CDU gewählt und 1972 Willy Brandt.

*Und Ihre Frau?*

Ich glaube, sie hat in beiden Fällen SPD gewählt. Auch für mich war die Ostpolitik Willy Brandts unterstützenswert.

*Was hat Sie an der Ostpolitik Brandts so überzeugt? Spielte da die Aussicht auf menschliche Erleichterungen eine Rolle? Dachten Sie da an Ihre Verwandtschaft in der DDR?*

An die eigene Familie haben wir da auch gedacht, ja. Aber wir waren auch der Meinung, dass diese Politik die Zusammenarbeit über den »Eisernen Vorhang« hinweg fördert. Und das hielten wir für wichtig.

*Ihre Frau war ja SPD-Mitglied.*

Ja, sie stammt aus einer sozialdemokratischen Familie. Sie war einige Jahre im Ortschaftsrat von Herrenberg-Mönchberg, wo wir ein Haus gebaut hatten, für die SPD aktiv.

*Haben Sie Ihre Frau dann später überzeugt, dass die »Sozis« die Falschen sind?*

Meine Frau hat ihr eigenes, gesundes Urteilsvermögen. Sie war enttäuscht, wie die SPD am Ende mit Helmut Schmidt umgegangen ist, und entfremdete sich vollends von der SPD, als Oskar Lafontaine in der Partei aufstieg. 1990 ist sie dann ausgetreten.

*Zurück zum Jahr 1969. Da gab es noch eine sehr spannende Bundespräsidentenwahl. Es ging um Gustav Heinemann von der SPD oder den damaligen Verteidigungsminister Gerhard Schröder (CDU). Haben Sie das verfolgt?*

Nicht bewusst. Ich konzentrierte mich 1969 vor allem auf mein Examen.

*Hat es im Examen zur »Eins« gereicht?*

Eine »Eins« gab es damals meines Wissens äußerst selten. Ich glaube, ich habe das zweit- oder drittbeste Examen gemacht, mit einer »Zwei«. Meine Fächer waren Wirtschaftstheorie, Wirtschaftspolitik, Finanzwissenschaft und Betriebswirtschaftslehre. Statistik war mein Wahlfach.

*Wissen Sie noch das Thema Ihrer Diplomarbeit?*

Es ging um Erhard Kantzenbachs Theorie des »optimalen Wettbewerbs«.

*Stand beim Examen Ihr Berufswunsch schon fest?*

Ich hatte mir darüber noch keine genauen Gedanken gemacht. Ich bekam allerdings auch sofort das Angebot von Professor Ott, am Institut für Angewandte Wirtschaftsforschung Tübingen anzufangen. Das habe ich dann auch getan und bekam ein Gehalt nach BAT 2a. Das waren damals, wenn ich mich recht erinnere, etwas mehr als 1600 Mark im Monat. Das war ein Haufen Geld für mich.

*Hatten Sie Karrierepläne? Wollten Sie in der Wissenschaft bleiben, vielleicht Professor werden?*

Ich wollte promovieren. Eine Lehrtätigkeit an der Universität war für mich damals durchaus ein Gedanke. Aber irgendwann habe ich dann festgestellt, dass die reine Theorie für mich doch nicht das Richtige war.

*Aber Sie haben promoviert.*

Ja, mit Abschluss 1977.

*Nach acht Jahren? Da haben Sie aber lange gebraucht.*

(Lacht.) Ich würde eher sagen, ich habe mir Zeit gelassen. Aber im Ernst: Es gab die ungeschriebene Regel, dass man zwei bis drei Jahre für die Finanzierung des Instituts arbeiten sollte. Außerdem wollte ich mit meiner Dissertation wissenschaftlich zu viel auf einmal und kam zeitweilig nicht recht voran. Und dann habe ich in dieser Zeit noch angefangen, unser Haus zu bauen.

*Was war das Thema Ihrer Dissertation?*

Die Freisetzung von Arbeit durch technischen Fortschritt.

*Das ist ja brandaktuell.*

Stimmt. Im theoretischen Teil kam ich damals zu der Schlussfolgerung: Das ist tatsächlich ein Problem, aber es bleibt beherrschbar, wenn es genug Wachstum gibt. Das fehlt uns heute.

*Wie kamen Sie dann ins Bundeswirtschaftsministerium nach Bonn?*

Die Grundsatzabteilung des Ministeriums suchte im Jahr 1976 einen »theoretisch versierten und ordnungspolitisch standfesten Ökonomen«. Ott hat dann zu mir gesagt: Das ist Ihnen doch auf den Leib geschrieben.

*Das Wirtschaftsministerium war ja immer eine Trutzburg der Ordnungspolitiker.*

Ja, hier wurde das Konzept der sozialen Marktwirtschaft unter Ludwig Erhard von dem damaligen Leiter der Grundsatzabteilung, Alfred Müller-Armack, konkretisiert.

*Dort arbeitete auch Hans Tietmeyer, der spätere Bundesbankpräsident.*

Er war damals mein Abteilungsleiter. Als ich 1976 dort anfing, plante Helmut Schmidt das so genannte Programm für Zukunftsinvestitionen. Keine unvernünftige Sache, denn das Programm sollte mittelfristig angelegt werden und die Wachstumskräfte stärken. Aber das Ganze sollte bis zur Kabinettsberatung absolut geheim bleiben. So wurde ich von einem sehr erfahrenen Referatsleiter, Eduard Pietsch, beauftragt, ein Papier zu entwerfen. Da ich niemanden kannte in Bonn, so sein Kalkül, würde ich auch nichts ausplaudern.

Ich habe mich dann da richtig reingekniet. Als ich eines Nachts so um zwei Uhr noch an meinem Schreibtisch saß, kam Hans Tietmeyer rein. Er fragte: »Was machen Sie denn noch hier?« Weil ich ihn bis dahin gar nicht kannte, fragte ich sehr unbefangen zurück: »Und was machen Sie noch hier?« Er sagte dann: »Ich bin Tietmeyer.« So lernten wir uns kennen, und es entwickelte sich gegenseitiger Respekt.

*Nun hatten ja die Ordnungspolitiker im Wirtschaftsministerium mit der damaligen Politik der SPD absolut nichts am Hut. Und dann hieß es plötzlich, wir brauchen ein Programm, damit Schmidt die Wahl gewinnt? Wie muss man sich das vorstellen?*

Tietmeyer und sein Kollege im Finanzministerium, Manfred Lahnstein, sollten Maßnahmen zur Stärkung des Wachstums ausarbeiten, ohne nur Strohfeuer, wie mit den Konjunkturprogrammen der frühen siebziger Jahre, zu entzünden. Dies war keine schlechte Idee. Aber das Programm wurde leider sofort konjunkturpolitisch verheizt, weil die Politik nervös wurde. Es war auch nicht grundsätzlich genug angesetzt, um die sich damals schon abzeichnenden Strukturprobleme anzupacken. Es war Wachstumsstimulierung auf die traditionelle Art, vor allem mit öffentlichen Infrastrukturinvestitionen, allerdings nicht kurzfristig, sondern auf die mittlere Sicht ausgerichtet.

*Haben Sie damals im Wirtschaftsministerium etwas gelernt, das Ihnen später geholfen hat?*

Ich habe damals konzeptionelle und praktische Wirtschaftspolitik von der Pike auf gelernt. Und ich habe gelernt, jedes

Problem samt Vorschlag auf maximal zwei Seiten zusammenzufassen. Denn die Chance, dass Minister Papiere lesen, verringert sich mit der Länge der Ausarbeitung.

*1976 gab es eine spannende Bundestagswahl. Haben Sie als junger Mann im Wirtschaftsministerium auf den »Weltökonomen« Schmidt gesetzt oder auf Helmut Kohl?*

Ich habe als Beamter Bundeskanzler Helmut Schmidt mal zu Verhandlungen begleiten dürfen. Wie er die deutsche Position präsentierte, das fand ich beeindruckend. Er hat früher als die meisten anderen Politiker die internationalen Zusammenhänge in der Ökonomie erkannt und begriffen, dass sich die deutsche Wirtschaftspolitik darauf einstellen müsste. Aber seine Partei hat das natürlich viel weniger begriffen.

*Und Sie haben Schmidt gewählt?*

Nein, ich habe nur ein Mal SPD gewählt. 1972, wegen Brandts Ostpolitik.

*Wie kam Ihr Wechsel zum schleswig-holsteinischen Ministerpräsidenten Stoltenberg nach Kiel zustande?*

Gerhard Stoltenberg war zur Zeit der sozial-liberalen Koalition finanzpolitischer Sprecher der Opposition, und er war Ministerpräsident des Landes Schleswig-Holstein. Ich war ihm bei einer Diskussionsveranstaltung in der schleswig-holsteinischen Landesvertretung begegnet. Er sprach mich anschließend an, fragte mich nach meinem Namen und meinte, ich sei zwar etwas frech gewesen, aber was ich gesagt hätte, habe ihm schon gefallen. 1980 suchte er einen wirtschaftspolitischen Berater und Redenschreiber, und da erinnerte er sich offenbar an mich. Er bot mir dann die Stelle an, und wir beide führten ein sehr intensives Gespräch, in dem er mir darlegte, wie er Deutschland und die Welt sieht.

*Er war ja kein Ökonom.*

Nein, er war Historiker, aber die Finanzpolitik war seine Leidenschaft. Er war zudem geprägt von der protestantischen Ethik. Dazu kam seine Disziplin. Die ganze Kombination passte mit meinem Denken zusammen.

*Hätte Franz Josef Strauß im Herbst 1980 die Bundestagswahl gewonnen, hätten Sie in Bonn bleiben können, denn Stoltenberg wäre bei Strauß ja wohl Minister geworden.*

Ja, und wahrscheinlich auch Vizekanzler. Aber Strauß verlor die Wahl. Und tatsächlich habe ich Gerhard Stoltenberg auch erst nach der verlorenen Bundestagswahl zugesagt, nach Kiel zu kommen. Ich fing am 1. Januar 1981 an. Weil Stoltenberg auch bundespolitisch sehr präsent war, musste ich von der Renten- über die Geld- und Wachstumspolitik bis zur Finanzpolitik alles abarbeiten. Das war eine harte, aber sehr lehrreiche Zeit. Auch weil ich die Republik jetzt aus der Sicht eines strukturschwachen Bundeslandes an der Küste kennen lernte. Gerhard Stoltenberg war ein Politiker der besten Art. Ich verdanke ihm viel.

*Sie sind in Kiel in die CDU eingetreten. Wurde das in der Staatskanzlei erwartet?*

Nein, darauf hat mich niemand angesprochen, Stoltenberg schon gar nicht.

*Ihre Frau war ja damals noch SPD-Mitglied. Was hat die denn dazu gesagt?*

Sie fand das eigentlich nur konsequent. Ich will aber nicht verschweigen, dass ich mir damals selbst die Frage stellte, ob das nicht eigentlich opportunistisch sei, erst bei Ministerpräsident Stoltenberg einen Job anzunehmen und dann in die Partei einzutreten. Ohnehin war und bin ich viel zu sehr Individualist, um jemals ein strammer Parteimann zu sein oder zu werden. Aber ich wollte konsequent sein und mich auch formal zur CDU bekennen. Inhaltlich stand ich der Union ohnehin schon lange sehr nahe.

*Wie hat man sich einen Wahlabend im Wohnzimmer der Familie Köhler vorzustellen, beispielsweise bei der Bundestagswahl 1983: Der Mann jubelt über den Erfolg Kohls, und die Ehefrau ist deprimiert?*

Wissen Sie, ich habe meine Frau nie ausgefragt, was sie gewählt hat. Aber sie war über den Wahlausgang 1983 sicherlich nicht deprimiert.

*Und Ihre Kinder, wie haben die sich parteipolitisch orientiert?*

Für meine Kinder war Helmut Kohl immer der Kanzler. Ich glaube, die vermissen ihn heute fast. Sie haben ihn ja auch persönlich gekannt. Meine Tochter wählt auf der kommunalen Ebene eher Grün. Was sie bei Bundestagswahlen macht, weiß ich nicht. Und unser Sohn tendiert politisch eher zu mir.

*Ging das CDU-Mitglied Köhler etwa regelmäßig in die Ortsverbandsversammlungen?*

Nein, dazu hatte ich auch kaum Zeit. Aber ich habe zum Beispiel vor der Jungen Union referiert. Dort habe ich mich gewundert, wie taktisch einige der jungen Leute schon dachten, während ich die Inhalte betonte. Heute weiß ich, dass man beides braucht, um gute Politik durchzusetzen.

*Sie erlebten in der Nähe Stoltenbergs den Niedergang der sozial-liberalen Koalition. Da spielte ja das berühmte Lambsdorff-Papier von 1982 eine Rolle, das angeblich Herr Tietmeyer geschrieben hatte.*

Würden Sie meinen damaligen unmittelbaren Chef Pietsch fragen, würde dieser zumindest die Mit-Autorenschaft beanspruchen.

*Gibt es nicht verblüffende Parallelen zwischen dem Lambsdorff-Papier und der »Agenda 2010«?*

Beide Papiere stehen für eine massive politische Kurskorrektur. Aber das Lambsdorff-Papier war politisch noch brisanter, weil es gegen den eigenen Koalitionspartner, die SPD, gerichtet war.

*Es war ja auch als Sprengstoff für die SPD/FDP-Koalition gedacht.*

Ganz offensichtlich. Vom Inhalt her war es aber eine notwendige und überfällige Kurskorrektur. Dies gilt genauso für die »Agenda 2010«. Gerhard Schröder hat damit großen politischen Mut bewiesen.

*Die politische Wende in Bonn im Oktober 1982, die Wahl Helmut Kohls zum Bundeskanzler, bedeutete für Sie ebenfalls einen Wechsel. Mit dem neuen Finanzminister Stoltenberg gingen Sie nach Bonn. In der Wirtschaftspolitik ist dann 16 Jahre lang angeblich nichts passiert. Gerhard Schröder begründet den Umfang des aktuellen Reformbedarfs immer mit den »16 Jahren Stillstand« unter Helmut Kohl.*

Diese Beschreibung halte ich so nicht für zutreffend. Die Regierung Kohl hat in den achtziger Jahren in der Wirtschaftspolitik vor allem mit Privatisierungen und der Konsolidierung des Bundeshaushalts kraftvoll gehandelt. 1989, also vor der deutschen Vereinigung, war der Bundeshaushalt fast ausgeglichen. Das war eine große Leistung Gerhard Stoltenbergs, die ihm leider nie hoch genug angerechnet wurde. Ohne diese finanzpolitische Leistung, an die sein Nachfolger Waigel anknüpfen konnte, wäre die Finanzierung der Einheit noch sehr viel schwieriger gewesen. Stoltenberg hat auch eine bedeutende Steuerreform verwirklicht mit der Einführung des linear-progressiven Einkommenssteuertarifs.

*Aber diese Reform war im Vergleich zu dem, was gleichzeitig in Großbritannien und Amerika stattfand, eher halbherzig.*

Es fehlte der politische Mut zu einem noch größeren Wurf. Das Prinzip »Steuersätze runter, Bemessungsgrundlage breiter« war schon damals der richtige Ansatz. Leider ist aber, im Rückblick betrachtet, schon Stoltenberg zu kurz gesprungen. Darüber hinaus hat die Erkenntnis gefehlt, dass sich unter der SPD/FDP-Koalition im Sozialsystem schon eine ökonomische Überforderung aufgebaut hatte, die durchgreifende Reformen verlangte. Tatsächlich wurde auch in der Regierung Kohl Sozialpolitik zu stark als reine Verteilungspolitik verstanden. Dies schwächte die Eigenverantwortung der Menschen und baute im Ergebnis Wachstumshemmnisse auf.

*Dann kam die deutsche Einheit, und Sie wurden kurz darauf, Anfang 1990, Staatssekretär im Finanzministerium. Können Sie sich noch an den 9. November 1989, an den Fall der Mauer, erinnern?*

Ja, ich war tagsüber im Ministerium in Bonn und verfolgte die Entwicklung am Radio und anhand der Agenturmeldungen.

*Was haben Sie da empfunden?*

Das habe ich mit großer Freude und zugleich einer gewissen Ungläubigkeit wahrgenommen. Später am Abend habe ich dann zu Hause am Fernseher miterlebt, wie die Menschen sich an der Mauer in den Armen lagen. Das war wunderbar.

*War Ihnen an diesem Abend schon klar, jetzt kommt die Wiedervereinigung?*

Nein, das war mir so konkret noch nicht vor Augen. Aber mir war klar, dass nun viel Arbeit auf mich zukam. Umso schöner, dass die Einheit dann tatsächlich kam.

*Da gab's dann wohl auch ein Wiedersehen mit Ihren Verwandten in Leipzig.*

Mein Bruder Hans kam sofort zu uns nach Meckenheim. Auch die anderen haben uns bald besucht. Das war für uns alle etwas Besonderes und auch etwas sehr Bewegendes.

*Staatssekretär im Finanzministerium. War das ein Amt, von dem Sie geträumt hatten?*

Ich träumte nicht davon, aber ich traute mir diese Aufgabe zu. Ich hatte schließlich im Ministerium alle wichtigen Stationen durchlaufen, die für die Qualifizierung für diesen Posten wichtig sind. Mein Prinzip war im Übrigen immer, mich jeweils auf meine gegenwärtigen Aufgaben zu konzentrieren, den Job, den ich habe, gut zu machen, ohne schon wieder auf eine andere Position zu schielen.

*Theo Waigel war im April 1989 Finanzminister und damit Ihr neuer Chef geworden.*

Ja, und als Hans Tietmeyer sich im gleichen Jahr entschloss, zur Bundesbank zu wechseln, eröffnete mir Theo Waigel im Sommer, dass er mich zum Staatssekretär machen wolle. Ich empfand dies als logisch.

*Sie waren dann fast vier Jahre lang Staatssekretär im Bundesministerium für Finanzen. Wie beurteilen Sie die Wirtschaftspolitik nach der Wende, von 1990 bis 1998?*

Sie war zwar geprägt von Tatkraft, aber leider auch von der Unterschätzung der finanziellen Lasten der Vereinigung und der Vorstellung der Sozialpolitiker, man könne weiterhin mehr verteilen. Sie war nicht genug geprägt von Reformen, um die Wachstumskräfte zu stärken. Die große Steuerreform blieb hängen.

*Waigel wollte im Grunde doch keine umfassende Steuerreform machen.*

Er wollte schon, aber er hatte nicht die notwendige Unterstützung dafür.

*Sie haben gesagt, die ökonomischen Probleme der Wiedervereinigung seien unterschätzt worden. Einer hat sie offenbar benannt: Oskar Lafontaine.*

Oskar Lafontaine hat die ökonomische Dimension nicht ganz falsch gesehen. Er hat die wirtschaftlichen Probleme in den Vordergrund gestellt – womöglich auch deshalb, weil er die Wiedervereinigung nicht wollte. Die Vereinigung wurde aber vor allem auch von den Ostdeutschen gewollt, und für Helmut Kohl war die menschliche Seite von überragender Bedeutung. Er gab den Ostdeutschen das Gefühl, dass sie willkommen sind. Ich denke, vor allem dies ist seine große historische Leistung.

*Kommen wir zur Währungsunion mit der DDR: Hatten Sie als Ökonom damals keine Bedenken?*

Natürlich gab es Bedenken. Am Ende sind wir im Finanzministerium zu dem Schluss gekommen: Es ist möglich, wenn wir die Geldverfassung der Bundesrepublik auf das Gebiet der damaligen DDR ausdehnen.

*Aber der Umtauschkurs war dann wohl nicht der richtige.*

Er entsprach eindeutig nicht den unterschiedlichen Produktivitätsniveaus der beiden Teile Deutschlands, und dies begründete ein ökonomisches Problem. Helmut Kohl hatte aber auch eine andere Rechnung. Damals betrug die monatliche Durchschnittsrente eines ostdeutschen Rentners etwa 360 Ostmark. Bei einem Umtauschkurs von eins zu zwei hätte der Rentner dann 180 D-Mark bekommen. Helmut Kohl fand: Davon konnte kein Rentner leben, und er hatte wohl Recht damit. Das größere ökonomische Problem liegt tatsächlich darin, dass in der Folge der Vereinigung die Produktivitätsentwicklung in Ostdeutschland nicht mit der Einkommensentwicklung Schritt halten konnte.

*Der damalige Bundesbankpräsident Pöhl hat kürzlich gesagt, er sei zum Thema Währungsunion von der Regierung nie um seine Meinung gefragt worden. Kann es angehen, dass die Bundesregierung die Bundesbank bei einem solchen Vorhaben nicht hört?*

Karl Otto Pöhl fühlte sich übergangen. Es gab aber intensive Kontakte auf der Arbeitsebene, und Hans Tietmeyer ließ sich von der Bundesbank beurlauben und verhandelte den Vertrag zur Währungsunion mit Günther Krause.

*Wie ging eigentlich die Bundesregierung mit der Regierung der DDR um? Von oben herab?*

Im Nachhinein kann man sich fragen, ob zu jedem Zeitpunkt die nötige Sensibilität aufgebracht wurde. Unterm Strich glaube ich, schon – von einzelnen Ausrutschern abgesehen. Die Verhandlungsatmosphäre war gut. Das beweist auch die Tatsache, dass die andere Seite uns beispielsweise bei der D-Mark-Eröffnungsbilanz sehr geholfen hat. Das hätten wir allein gar nicht gekonnt.

*Ihre nächste große Aufgabe bestand darin, die wirtschaftlichen Rahmenbedingungen für den Abzug der sowjetischen Truppen auszuhandeln. Es gibt Berichte über eine dramatische Sitzung in Moskau.*

Es gab zwei kritische Situationen. Zum einen hatten die sowjetischen Verhandlungsführer sehr weit gehende Vorstellungen über eine von uns zu zahlende Geldsumme. Mir war aber klar, dass dieses Geld in den Weiten Russlands versickern könnte. Als ich dann davon hörte, dass Moskau für seine aus Ungarn zurückkehrenden Truppen nicht genügend Wohnungen hatte, dass sie mit ihren Familien in Zelten und Turnhallen untergebracht werden mussten, bot ich ein Wohnungsbauprogramm an. Das war ein Durchbruch. Ein General aus der sowjetischen Verhandlungsdelegation sagte zu mir: »Sie haben ehrliche Augen.« Für mich war es immer wichtig, der Roten Armee mit Respekt zu begegnen.

*Und die andere Situation?*

Als der Zwei-plus-vier-Vertrag abgeschlossen werden sollte, habe ich über das finanzielle Überleitungsabkommen verhandelt. Da gab es auf der sowjetischen Seite einen sehr klugen Juristen, der die deutsche Unterscheidung zwischen Eigentum und Besitz kannte. Die Sowjets reklamierten nun ihr gesamtes Kasernengelände und alle Truppenübungsplätze ihrer Armee in der DDR als ihr Eigentum und verlangten eine entsprechende Entschädigung. Das konnte und wollte ich natürlich nicht akzeptieren. Die Verhandlungen drohten an dieser Frage zu scheitern, und ich hatte Angst, damit würde ich auch die deutsche Vereinigung verspielen. Ich entschied mich aber festzubleiben, und mein Verhandlungspartner, Minister Katuschew, akzeptierte schließlich zu später Stunde unsere Position.

*Kommen wir zur Ihrer nächsten großen Aufgabe: Maastricht. Sie waren deutscher Chefunterhändler, als die Bedingungen für die Europäische Währungsunion ausgehandelt wurden, und pochten auf eindeutige Stabilitätskriterien. Die europäische Währung sollte so hart sein wie die D-Mark.*

Außenminister Genscher hatte mit Helmut Kohl das Ganze präjudiziert. Gerhard Stoltenberg hatte über all die Jahre die Position vertreten, man könne nicht mit der Währungsunion anfangen; sie müsste eher der Schlussstein sein. Aber der Außenminister hatte die öffentliche Meinung auf geschickte Weise schon hinter sich gebracht. Die Wiedervereinigung bedeutete einen weiteren Schub, und ich musste als Staatssekretär dann einen Schwenk machen von unserer alten Position, die da lautete: »Währungsintegration als Krönung des Prozesses«, hin zu »Währungsintegration als Beginn einer politischen Union«. In den Verhandlungen bestand ich dann darauf, dass Deutschland einen eigenen Vertragstext einbrachte, um unsere Grundposition festzunageln.

*Und das gab Ärger?*

Da ging der damalige Präsident der EU-Kommission, Jacques Delors, an die Decke. Er hat sofort Kohl angerufen, und der hat dann postwendend mich angerufen. Der Rüffel hielt sich aber in Grenzen, weil er ja wusste, dass ich einen Weg finden wollte. Aber dazu musste ich auch ein paar Pflöcke einschlagen. Dazu sollte der Vertragsentwurf dienen. Und das war am Ende auch hilfreich.

*Aber die Stabilität, die angestrebt wurde, ist letztlich nicht erreicht worden.*

Als die Währungsunion 1999 begann, war die Finanzpolitik besser als je zuvor. Der Konvergenzprozess und die Maastricht-Kriterien haben gewirkt, da gibt es überhaupt keinen Zweifel. Allerdings gibt es zwei Schwächen: Die beteiligten Staaten haben ihre Finanzen nicht nachhaltig konsolidiert. Und was noch wichtiger ist: Viele Politiker haben wohl gedacht, wenn der Euro kommt, dann erledigen sich die Strukturreformen in ihren Ländern von selbst. Aber genau das war und ist der Denkfehler. Die Währungsunion wird langfristig nur eine Erfolgsgeschichte, wenn sie unterfüttert ist mit strukturellen Reformen, die die Wachstumskräfte stärken. Das haben die Europäer vernachlässigt, vor allem die großen Länder. Insgesamt ist die Einführung des Euro aber gut verlaufen.

*Und was die Deutschen gemacht haben – ist das für den einstigen Hort der Stabilität nicht eine Schande?*

Es ist nicht gut, weil es Häme produziert und diejenigen, die sich bei aller Kritik unverändert an den Deutschen orientieren, enttäuscht. Vor allem die Dänen, die Holländer und die kleinen Länder erwarten, dass sich die Deutschen diszipliniert und verlässlich verhalten.

*Als Sonderbeauftragter von Kanzler Kohl, als so genannter Sherpa, haben Sie vier Weltwirtschaftsgipfel vorbereitet. Was bringt eigentlich der ganze Aufwand? Die Kommuniqués, die dabei verabschiedet werden, stehen doch vorher schon fest.*

Das Wichtigste an den Gipfeln sind die internen Gespräche der Staats- und Regierungschefs. Und die Kommuniqués stehen auch nicht immer schon von vornherein fest. Außerdem sind die Gipfel auch ein Produkt der Mediengesellschaft. Als Sherpa für den Gipfel 1992 in München startete ich zum Beispiel mit anspruchsvollen inhaltlichen Zielen – Russland, Globalisierung …

*Der Saumagen-Gipfel. Sieben Zentner Saumagen, direkt aus der Pfalz.*

Woher wissen Sie das?

*Ich kenne den Lieferanten, den Metzger Hambel aus Wachenheim in der Pfalz.*

Da hat der Kanzler alle lokalpatriotischen Register gezogen. Aber zurück zur inhaltlichen Vorbereitung: Wenn der Gipfel zeitlich noch ein Stück entfernt ist, haben Sie als Sherpa noch Visionen. Aber je näher er rückt, umso mehr müssen Sie an die Risikobegrenzung denken. Der Gipfel soll ja nicht scheitern, deshalb fangen Sie an, die großen Ideen immer mehr auf das Wesentliche zu reduzieren, und formulieren am Ende ein Kommuniqué, dem alle zustimmen können. Beim Gipfel in München waren die Vorbereitungen wunderbar gelaufen. Aber in der Nacht vor dem Abschluss haben die Italiener, animiert durch die Franzosen und unterstützt von den Briten, eine Diskussion über eine Zinssenkung losgetreten. Ich wusste aber, wenn davon etwas ins Kommuniqué kommt, würde Bundesbankpräsident Schlesinger am selben Tag die Unabhängigkeit der Bundesbank in Frage gestellt sehen. Die Öffentlichkeit würde aufschreien, zu einer Zinssenkung würde es nicht kommen, und Helmut Kohl hätte ein Riesenproblem für das Gipfelergebnis. Um dieses Szenario zu verhindern, habe ich in München in der Diskussion mit den anderen Sherpas bis sechs Uhr früh gebraucht. Und was hat die Bundesbank zwei Wochen später gemacht? Sie hat die Zinsen erhöht! Und prompt ging die Wirtschaft in die Rezession.

*Haben Sie irgendein Beispiel für einen Gipfel, auf dem ein konkretes Problem gelöst wurde?*

So schlecht sind die Gipfel nun auch wieder nicht. Es war zum Beispiel wichtig, dass wir 1992 eine konstruktive Haltung gegenüber Russland einnahmen. Schließlich war Jelzin angereist, und es kam darauf an, ihm zu demonstrieren, dass die G-7-Länder ihm helfen wollten. Und bei aller Kritik:

Letztlich ist es wichtig, dass die Chefs ab und zu zusammenkommen und offen miteinander reden. Einfach so, ohne Protokoll.

*Kommen wir zu Ihrem Wechsel zum Sparkassen- und Giroverband im Jahr 1993. Abgesehen von dem guten Gehalt stelle ich mir den Job furchtbar vor. So von morgens bis abends mit Sparkassenvorständen zu tun zu haben …*

Meiner Entscheidung, dorthin zu gehen, lag – neben den schon erwähnten privaten Gründen – eine konzeptionelle Überlegung zugrunde: Ich hatte die Globalisierung am eigenen Leib erfahren und war schon bald zu der Meinung gelangt, dass sie einen Gegenpol braucht. In unserer globalisierten Welt mit ihrer Schnelllebigkeit, Vielfalt, aber auch Härte darf man sich nicht verlieren. Sie soll auch nicht Angst machen. Was daher in dieser Situation dringender denn je ist, ist eine dezentrale Politik- und Wirtschaftsstruktur, die den Menschen Verankerung und Handlungsmöglichkeiten im Alltag gibt. Die Sparkassen sind ein wesentlicher Teil solch einer dezentralen Wirtschafts- und Sozialkompetenz.

*Den Ordnungspolitiker Köhler hat nicht gestört, dass die Gewährsträgerhaftung zu einer Wettbewerbsverzerrung zu Gunsten der öffentlich-rechtlichen Sparkassen und zu Lasten der privaten Banken führt?*

Die Sparkasse in der Gemeinde hat einen anderen Bezug zu den Bürgern und zur mittelständischen Wirtschaft als große, zentralisierte Institute. Das ist das, was ich unverändert für richtig und wichtig halte. Sparkassen sind gut für Deutschland. Auch sie müssen sich allerdings Reformnotwendigkeiten stellen.

*Zählen Sie zu den besonderen Aufgaben auch, dass Sparkassen zum Beispiel Konten von Sozialhilfeempfängern führen?*

Die Sparkassen haben einen öffentlichen Auftrag, und dazu gehört auch, dass sie sozial Schwachen die Möglichkeit bieten, ein Konto zu eröffnen. Das ist keine Selbstverständlichkeit.

*Die nächste Stufe in Ihrer Karriere war die Europäische Bank für Wiederaufbau und Entwicklung, die so genannte Osteuropa-Bank in London. Damit kehrten Sie in gewisser Weise wieder zurück in die Politik. Sie haben kürzlich gesagt, Sie seien »aus Pflicht« diesem Ruf gefolgt.*

Helmut Kohl erwischte mich am Autotelefon und sagte, ich müsse nach London gehen, offensichtlich, weil er nicht auch an dieser Stelle einen Franzosen akzeptieren wollte. Es war für ihn praktisch ein Heimspiel, mich bei den Staats- und Regierungschefs anzubieten. Die kannten mich ja alle. Deshalb stand er mehr unter Druck als ich.

*Bedeutete das nicht auch eine finanzielle Verbesserung?*

Nein, beim Wechsel zur Osteuropa-Bank habe ich mich verschlechtert. (Lacht.) Wie jetzt auch wieder.

*Sie haben immer Ihren Job gemacht, und wenn ein Ruf kam, haben Sie ihn angenommen. Das widerspricht allem, was Personalberater jungen Leuten raten.*

Ich habe nie eine Karriereplanung betrieben. Allerdings gab es immer einen inneren, manchmal sogar emotionalen Bezug zu den anstehenden Aufgaben. Für die Europäische Bank für Wiederaufbau und Entwicklung hatte ich zum Beispiel als Staatssekretär das Statut ausgehandelt. Die Bank soll ja Marktwirtschaft und Mehrparteiensysteme in den früheren Ostblockländern unterstützen. Das fand ich interessant und wichtig.

*Der nächste wichtige Anruf kam dann von Gerhard Schröder: Internationaler Währungsfonds. Sie wussten aber, dass Sie zweite Wahl waren, weil Schröder eigentlich Cajo Koch-Weser wollte. Hat Sie das gestört?*

Überhaupt nicht. Das hängt doch von so vielen Dingen ab. Und ich weiß, was ich kann.

*»Managing Director« beim Währungsfonds, das ist die höchste internationale Position, die ein Deutscher jemals innehatte. Hat Sie das stolz gemacht?*

Natürlich. Das ist ein Traumjob für jeden internationalen Ökonomen. Dort hatte ich ein berufliches Umfeld, das es sonst nicht gibt.

*Sie sind als Deutscher nach Washington gegangen. Aber etwas für Deutschland tun konnten Sie dort nicht.*

Nicht direkt. Der »Managing Director« des Währungsfonds ist nach den Statuten ausschließlich dem Mandat der Institution verpflichtet und nicht seinem Herkunftsland. Und daran habe ich mich auch gehalten. Allerdings war es gut, dass da einmal ein Deutscher hinkam, weil in der Welt sonst irgendwann der Eindruck hätte entstehen können, die Deutschen könnten so etwas nicht. Und wenn die Arbeit anerkannt wird, hat das auch einen positiven Nebeneffekt für Deutschland. Dies ist mir, glaube ich, gelungen.

*Finanzminister Eichel hat Ihnen einmal vorgeworfen, Deutschland in dieser Funktion herunterzureden.*

Das hat die Presse so dargestellt. Hans Eichel hat mir gesagt, dass dies nicht von ihm stammt. In der Tat konnte ich in meiner Analyse nicht sagen, dass Deutschland glänzend dastünde. Da gab es Irritationen. Ich fand die Vorwürfe, so wie darüber berichtet wurde, nicht zutreffend. Das habe ich auch deutlich gemacht.

*Der Währungsfonds ist eine mächtige Institution und entscheidet mit seinen Krediten über das Schicksal von Ländern und Völkern. Lässt einen das manchmal schlecht schlafen?*

Man fühlt die Verantwortung manchmal durchaus besonders schwer. Vor allem, weil es in Krisen meistens keine einfachen Lösungen gibt.

*Der Währungsfonds wurde immer heftig kritisiert, zum Beispiel als Interessenvertretung der reichen Länder, des Finanzkapitals. Was war aus Ihrer Sicht vor dem Jahr 2000 an dieser Kritik berechtigt, was ist heute noch berechtigt?*

Nach meinem Urteil hat der Währungsfonds insgesamt einen positiven Beitrag für die Entwicklung der Völker und Volkswirtschaften nach der schrecklichen Phase des Nationalismus und Protektionismus in der ersten Hälfte des 20. Jahrhunderts geleistet. Aber natürlich hat auch der Fonds Fehler gemacht. So hat er sich meines Erachtens zu spät intensiv mit den Entwicklungen auf den internationalen Finanzmärkten befasst und die Krisenprävention nicht entschlossen genug verbessert. Aber man muss auch die Kirche im Dorf lassen. Es ist sehr beliebt, den Währungsfonds zum Sündenbock für Fehler und Versäumnisse zu machen, die im Kern hausgemacht sind. Außerdem haben diejenigen Länder, die den Fonds mit Kapital ausstatten, ein berechtigtes Interesse, dass Empfängerländer IWF-Geld nicht nur einfach nehmen, ohne eigenes Fehlverhalten abzustellen. Andererseits ist den G-7-Ländern noch nicht klar genug, dass die Zeiten vorbei sind, in denen ein kleiner, exklusiver Klub reicher Länder die Welt steuert. Globalisierung bedeutet Interdependenz, bei Chancen wie bei Risiken. Selbst ein so großes und mächtiges Land wie die USA kann seinen Wohlstand nicht mehr isoliert vom Rest der Welt halten oder gar mehren. Für Deutschland ist diese Abhängigkeit noch sehr viel größer. Deshalb braucht die Welt Dialog und Zusammenarbeit mehr denn je. Die Globalisierung braucht Regeln und politische Gestaltung. Das war auch meine Linie für den Fonds mit seinen 184 Mitgliedsländern. Das Mandat des Fonds muss auf ein globales Gemeinwohl gerichtet sein, und dementsprechend darf der Fonds auch nicht blind sein für weltwirtschaftliche Risiken, die von den Industrieländern ausgehen. Die Anwendung dieser Politik hat mir nicht nur Beifall eingebracht.

*Angeblich waren Sie vor allem den Amerikanern zu fürsorglich gegenüber Entwicklungsländern. Washington wollte doch, dass sich die Weltbank eher um die Entwicklungsländer kümmert und der IWF in erster Linie um die Ordnung der internationalen Finanzmärkte.*

Die Sicherung der Stabilität des internationalen Finanzsystems ist und bleibt die zentrale Aufgabe des Internationalen Währungsfonds. Dies habe ich auch energisch vorangetrieben durch die systematische Analyse der Entwicklungen auf den internationalen Kapitalmärkten und in den Finanzsektoren der Mitglieder des IWF. Und ich hätte auch nicht locker gelassen, im Rahmen dieser Arbeit die USA selbst stärker unter die Lupe zu nehmen. Doch wir müssen auch begreifen, dass wir ein Politikkonzept für »eine Welt« brauchen. Natürlich ist die Weltbank federführend für die langfristig angelegte Armutsbekämpfung. Der Fonds kann aber ebenfalls einen gezielten Beitrag hierzu leisten, vor allem bei der Sicherung von makroökonomischer Stabilität in Entwicklungsländern und bei technischer Hilfe zum Aufbau einer funktionierenden öffentlichen Finanzwirtschaft. Die Entwicklungsländer selbst wollen dieses Engagement des Fonds. Und ich sah es als wichtig an, dass der Fonds für alle seine Mitglieder Leistungen erbringt.

*Die USA haben ja faktisch ein Vetorecht ...*

Sie haben eine Sperrminorität. Und jeder »Managing Director« muss dies berücksichtigen. Doch die meisten Entscheidungen im IWF werden tatsächlich im Konsens getroffen.

*Fördert der IWF als »lender of last resort« nicht die Spekulationslust von Investoren? Die zeichnen hochverzinsliche*

*Anleihen. Und wenn das Schuldnerland nicht zahlen kann, kommt der IWF als Retter der Spekulanten.*

Ich bin gegen ein Verständnis, dass der IWF grundsätzlich und automatisch als Nothelfer mit unbegrenzten Finanzmitteln bereitzustehen hat. Das würde die Eigenverantwortung der Mitgliedsländer unterminieren. Gleichzeitig bin ich für einen aktiven IWF. Das heißt, der Währungsfonds muss zum einen die Finanzmittel haben, um auch quantitativ wirksam helfen zu können. Zum anderen muss er den Ländern, die eine vernünftige Politik betreiben, dann schnell beistehen, wenn sie unverschuldet in eine Krise geraten. Es geht um eine Unterstützung der richtigen Politik, nicht um Rettungsmaßnahmen schlechthin. In Deutschland und in Europa wird leider noch zu wenig zur Kenntnis genommen, dass Länder wie Mexiko oder Brasilien von uns nicht ständig belehrt werden müssen, wie gute Wirtschafts- und Finanzpolitik auszusehen hat. Das wissen die inzwischen selbst. Es geht um Anreize, eine richtige Politik durchzuhalten. Die Unterstellung, diesen Ländern ginge es letztlich nur darum, Finanzmittel vom IWF zu bekommen, wird ihren eigenen Anstrengungen nicht gerecht.

*Sind die internationalen Finanzmärkte nicht zu einem großen Casino geworden? Der größte Teil der Finanzströme ist ja ohne realwirtschaftliche Grundlage.*

Es gibt eindeutig diese Entwicklung, dass sich die Finanzmärkte von der so genannten realen Wirtschaft abgekoppelt haben. Das ist nicht von vornherein eine völlige Fehlentwicklung. Wahr ist aber auch, dass exzessive Volatilitäten – auch ausgelöst durch Spekulanten – ein Problem sind. Aber der IWF hat, auch unter meiner Regie, auf diese Entwicklung reagiert. Wir arbeiteten an Regeln für die internationalen Finanzmärkte, auch mit Blick auf »Off-shore«-Finanzzentren. Wir sind auch bei der Überwachung der Geldwäsche und beim Aufspüren von Finanzströmen aus der terroristischen Szene viel weiter als noch vor ein paar Jahren. Das reicht alles noch nicht. Die Arbeiten an einem globalen Ordnungsrahmen für die internationalen Finanzmärkte sind noch lange nicht abgeschlossen. Aber die These, der IWF fördere den »Halsabschneider-Kapitalismus«, ist mir zu schlicht und hat mit der Wirklichkeit nichts zu tun.

*Nun gibt es immer wieder die Forderung, die Devisenspekulation dadurch einzudämmen, dass man sie mit einer Steuer belegt. Stichwort: Tobin-Steuer.*

Diese Diskussion soll ruhig geführt werden. Die Frage ist nur, was soll das Ziel dieser Steuer sein? Manche Befürworter wollen auf diese Weise Mittel für die Entwicklungshilfe aufbringen, andere wollen damit Sand ins Getriebe des Devisenhandels streuen.

*Was hielten Sie für sinnvoll?*

Ich plädiere dafür, Entwicklungshilfe offen aus den nationalen Haushalten der Industrieländer zu finanzieren. Dies macht auch die Wertigkeit von Armutsbekämpfung in den nationalen Politik-Agenden deutlich. Ich plädiere für die Erfüllung des Ziels der Vereinten Nationen, 0,7 Prozent des Sozialprodukts für Entwicklungshilfe bereitzustellen. Ich habe meine Zweifel, ob man über eine Steuer die Märkte wirklich steuern kann. Das klappt ja noch nicht einmal auf nationaler Ebene.

*Sie haben beim IWF für einige Veränderungen gesorgt, haben Schulden erlassen und der Krisenprävention mehr Bedeutung gegeben. Sind Sie mit Ihrer Bilanz zufrieden?*

Ich habe ein gutes Gewissen und denke, dass der Fonds in einer sehr kritischen Phase der Weltwirtschaft den Überblick bewahrt und stabilisierend gewirkt hat. Einige von den Reformen, die ich auf den Weg gebracht habe, werden ihre positiven Wirkungen erst in der Zukunft voll entfalten. Ich denke hier insbesondere an die verbesserte Krisenprävention. Wir haben vor allem auch gezeigt, dass der IWF selbst keine Angst vor Transparenz hat und eine lernende Institution ist. Besonders froh bin ich, dass der Fonds jetzt auch in Afrika als willkommener Partner für Zusammenarbeit gesehen wird.

*Was wären Ihre nächsten Ziele gewesen, wenn Sie IWF-Chef geblieben wären?*

Ich hätte mich darum gekümmert, die Krisenprävention noch mehr ins Operative zu bringen. Ich hätte auch weiter daran gearbeitet, ein starkes Bewusstsein unter den 184 Mitgliedern des Internationalen Währungsfonds zu fördern, dass alle in einem Boot sitzen. Dazu gehört die Erkenntnis, dass vor allem auch in den entwickelten Ländern ein Strukturwandel erforderlich ist – in der Agrar- und Industriepolitik, aber auch auf dem Finanzsektor. Ich bin unverändert der Ansicht: Globalisierung hat mehr Vorteile als Nachteile, sie ist weder schlecht noch gut, es kommt darauf an, was wir daraus machen.

*Sie haben die Regeln des Marktes betont. Muss hinter einer solchen Ordnung für den Markt nicht auch eine Art Wertegerüst für die globale Welt stehen?*

Die Diskussion darüber läuft der ökonomischen und technologischen Globalisierung leider hinterher. Deshalb wurde die soziale Dimension bei Marktreformen zum Beispiel in Lateinamerika viel zu lange vernachlässigt, und ich sehe hierin auch eine Ursache für die schockierenden Unternehmensskandale in den letzten Jahren. Eine globale Welt braucht auch ein globales Ethos. Dabei geht es nicht um eine neue Weltideologie. Worum es geht, ist ein Grundkonsens bezüglich bestehender verbindender Werte, unverrückbarer Maßstäbe und persönlicher Grundhaltungen.

*Also, die ungeschriebenen Grundsätze des ehrbaren Kaufmanns anwenden?*

Das ist ein alter, aber guter Begriff für eine ethische Orientierung im Wirtschaftsleben. In der internationalen Welt heißt dies jetzt »good corporate governance«. Sie sollte Gier, Diebstahl durch Bilanzmanipulation und auch Korruption entgegenwirken. Die Bekämpfung der Korruption ist übrigens auch aus sozialen Gründen eine ganz wichtige Aufgabe. Vor allem Arme und der Mittelstand werden durch Korruption geschädigt.

*Sie haben als IWF-Chef den Dialog mit den Globalisierungsgegnern aufgenommen. Sind die wirklich dialogwillig und dialogfähig?*

Die meisten ganz eindeutig, einige wenige leider nicht.

*Attac zum Beispiel?*

Auch mit Attac muss der Dialog geführt werden, auch wenn einzelne Vertreter von Attac manchmal den Eindruck vermitteln, sie seien an einem Dialog zur Lösungssuche für Probleme nicht interessiert. Meine Erfahrungen aus Gesprächen mit Nicht-Regierungs-Organisationen, Bürgerinitiativen und Frauengruppen weltweit sind ganz überwiegend positiv. Ich habe viel daraus gelernt und auch manche persönliche Ermutigung daraus abgeleitet. Mit Recht gehört es heute zum Pflichtprogramm für Weltbank und Währungsfonds, Entwicklungskonzepte und Anpassungsprogramme mit Vertretern der Zivilgesellschaft der jeweiligen Länder zu erörtern.

*Sie sind viel gereist. Welche Länder haben bei Ihnen den größten Eindruck hinterlassen?*

Die Welt befindet sich in einem tiefen Umbruch. Das Ende des Kalten Krieges hat weltweit enorme Kräfte freigesetzt. Das beste Beispiel ist China. Dort haben mich vor allem die Wissbegier und der Lerneifer der Menschen beeindruckt. Ein »Zukunftsland« ist für mich auch Brasilien unter seinem Präsidenten Lula. Lula versucht, eine soziale Marktwirtschaft in Brasilien durch Reformen im eigenen Land und durch Zusammenarbeit mit der internationalen Gemeinschaft aufzubauen. Er hat Mut und Stehvermögen. Er verdient jede denkbare Unterstützung, weil sein Erfolg oder Misserfolg richtungweisend für ganz Lateinamerika sein wird. Buchstäblich mein Herz habe ich aber in Afrika verloren. Hier gibt es unvorstellbares Elend und Not. Und doch habe ich gerade in Afrika erlebt, was Menschenwürde bedeutet: sich nicht fallen zu lassen, Hoffnung zu haben und Nächstenliebe zu praktizieren. Vor allem die Frauen leisten dort Unglaubliches. Die Menschlichkeit der Welt wird am Schicksal Afrikas getestet.

*Manche Politiker sagen, wenn die Tonbänder ausgeschaltet sind: Schwarzafrika kann man vergessen, das ist ein Fass ohne Boden, schade um jeden Euro.*

Das ist schlimmster Zynismus, der auf der geistigen Ebene des früheren Kolonialismus liegt. Wir müssen den Männern und Frauen in Afrika, die auf dem richtigen Weg sind, Selbstvertrauen geben. Und diese politischen Führer gibt es in Südafrika, Mosambik, Botswana, Ghana, Benin und in anderen Ländern. Das von Afrikanern selbst ausgearbeitete Konzept der »Neuen Partnerschaft für die Entwicklung Afrikas« stimmt mich zusätzlich hoffnungsvoll. Vorrangig für Afrika sind vor allem der Aufbau eines funktionierenden Staates und die Korruptionsbekämpfung. Die wichtigste Sache ist nicht Geld, sondern das Wissen um den Aufbau von gesunden Institutionen.

*Sie sind als Staatssekretär und IWF-Chef vielen Staatspräsidenten begegnet. Haben Sie jemals gedacht: Präsident, das wäre eigentlich etwas für mich?*

Daran habe ich bei solchen Begegnungen nicht gedacht. Wohl aber habe ich erkannt, wie wichtig eine würdevolle Repräsentation für das Selbstverständnis und den Stolz eines Landes ist.

# 4
# Begegnungen

## »Gerhard Stoltenberg war mir ein Vorbild«

*Unter Helmut Kohl sind Sie 1990 zum Staatssekretär in das Bundesfinanzministerium berufen worden. Hatte der Kanzler Sie schon vorher gekannt?*

Er wusste, wer ich bin. Ich war als Abteilungsleiter im Finanzministerium häufig Mitglied der Regierungsdelegation, und ich wohnte bisweilen auch Kabinettssitzungen bei. Aber mehr als ein paar Sätze hatte ich mit Helmut Kohl vor meiner Ernennung als Staatssekretär nicht gewechselt. Als ich Staatssekretär wurde, war es für Theo Waigel selbstverständlich, dass ich auch die Aufgabe des Persönlichen Beauftragten des Regierungschefs für die Weltwirtschaftsgipfel übernehmen sollte. Helmut Kohl lud mich daraufhin zu einem persönlichen Gespräch ins Kanzleramt ein. Er nahm sich viel Zeit für eine politische Analyse Deutschlands, Europas und der Welt. Mich beeindruckte vor allem, wie er ganz aktuelle Fragen – wie die damalige Entwicklung in der DDR und der Sowjetunion – in ganz lange Linien von Geschichte, Kultur und Politik einordnete. Eher sehr praktische Fragen von mir zu Personen und Klima der Weltwirtschaftsgipfel beantwortete er vor allem mit Ausführungen zum Hintergrund und zur Psychologie der damals handelnden Personen. Er erkundigte sich auch nach meiner Familie.

Ich glaube, da bildete sich Vertrauen zwischen uns von Anfang an. Außerdem forderte er mich ausdrücklich auf, ihm immer offen meine Meinung zu sagen. Daran habe ich mich gehalten.

*Nur offen? Es heißt, Sie seien der Einzige gewesen, der es in Kabinettssitzungen gewagt habe, dem Kanzler deutlich zu widersprechen.*

Das möchte ich mal dahingestellt sein lassen. Aber ob als Sherpa oder in Ministergesprächen, ich habe mich schon deutlich geäußert.

*Da sitzt ja dann der Staatssekretär am Kabinettstisch auf dem Platz seines Ministers und ist sozusagen der amtierende Minister.*

Da fühlte ich mich schon verantwortlich. Ich wusste, was ich wollte, und habe das auch gesagt. Ich erinnere mich an eine Kabinettssitzung zur Vorbereitung des Europäischen Rates in Edinburgh zum Jahresende 1992. Da ging es um die Finanzierung der Europäischen Union für die nächsten sechs Jahre. Die Kabinettssitzung war für acht Uhr angesetzt, ich kam aber wegen eines Staus genau eine Minute zu spät.

*Helmut Kohl konnte ja Unpünktlichkeit nicht ausstehen.*

Das gehört sich auch nicht. Aber nun war es halt passiert. Als ich in den Saal komme, ist das Kabinett bis auf mich vollzählig. Ich sage nicht übertrieben laut, aber deutlich: »Guten Morgen, Herr Bundeskanzler.« Helmut Kohl reagiert aber nicht. Er macht gerade geschichtliche Ausführungen. Ich setze mich und höre zu. Nach zwanzig Minuten ist er mit seinen Ausführungen über Geschichte, Kultur und Politik immer noch nicht zu Ende. Da sage ich: »Herr Bundeskanzler, wir sollten jetzt über die Vorbereitung des Europäischen Rates reden.«

*Und, wie reagierte Kohl?*

(Lacht.) Darauf sagt Kohl: »Herr Köhler, Sie haben wohl Streit mit Ihrer Frau.« Das Kabinett lacht, mein erster Anlauf ist erst einmal gescheitert.

*Streit mit Ihrer Frau?*

Er wollte damit sagen, ich würde mich zu Wort melden, weil ich schlechte Laune hätte. Tatsächlich redet er auch weiter über Themen, die mit den EU-Finanzen überhaupt nichts zu tun haben. Nach einigen weiteren Minuten sage ich: »Herr Bundeskanzler, wir müssen jetzt aber über die Finanzen der Europäischen Union reden. Da geht es um viel.« Daraufhin sagt der Kanzler: »Sie hatten aber anscheinend einen heftigen Streit mit Ihrer Frau.« Erst als ich ein drittes Mal interveniere, widmet sich der Kanzler den EU-Finanzen. Die Diskussion war dann auch gut. Helmut Kohl kannte natürlich die Akte, und er kannte mich. Er wollte sich schlicht nicht zu stark für die Verhandlungen in Edinburgh festlegen lassen, was wiederum mein Ziel war. Derartige Situationen haben mir wohl den Ruf einer gewissen Furchtlosigkeit vor Thronen eingebracht.

*Roland Koch hat einmal gesagt, Helmut Kohl schätze nur solche Leute, die ihm widersprochen haben, dann von ihm abgebürstet wurden und am Ende trotzdem noch standen. Wer ihm nicht widerspricht, den nimmt er wohl auch nicht ernst.*

Das mag sein. Ich habe immer erlebt, dass er sich sehr sachlich mit mir auseinander setzte, wenn ich deutliche Worte gebraucht hatte. Gram war er mir deshalb nie. Er vertraute mir. Das empfand ich wiederum als Verpflichtung zur Loyalität.

*Hat er auch auf Ihre Kosten seine Scherze gemacht?*

Das gehörte auch zum Spiel, aber es wurde keine Grenze überschritten. Dann hätte ich mich auch gewehrt. Seine stehende Redewendung war: »Köhler, arbeiten Sie auch was?«

*Das war so eine Art Zwangsvorstellung von Helmut Kohl, dass außer ihm niemand jemals gearbeitet hat.*

Ich verstand dies mehr als eine Standardformulierung, um Hierarchiebarrieren zu überbrücken. Ich habe aber auch einen ganz anderen Wesenszug Helmut Kohls erlebt. Als festgestellt wurde, dass ich zu den durch die RAF besonders gefährdeten Personen zählte, hat er sich persönlich um meinen Schutz gekümmert. Er war fürsorglich.

*Er hat doch sicher auch an der Erkrankung Ihrer Tochter Anteil genommen.*

Er hat sich ständig erkundigt, seine Frau übrigens auch. Da spürte ich echte menschliche Anteilnahme. Kohl war auch ein Vorgesetzter, der gute Leistungen öffentlich würdigte.

Einmal kam er bei einer Vertragsunterzeichnung im Kreml quer durch den ganzen Saal auf mich zu und sagte: »Die das fertig gebracht haben, sollen auch vorne stehen.«

*Helmut Kohl galt ja immer als Generalist. Hat er Ihrer Meinung nach von Wirtschaftspolitik genügend verstanden?*

Jemand mit seiner immensen Erfahrung weiß natürlich, dass Wirtschaftspolitik ein zentraler Baustein für Politik ist, zumal für Deutschland.

*Er war aber kein Wirtschaftskanzler.*

Er hat sich immer darauf verlassen, dass andere es ihm richteten, während er sich auf das Austarieren von Differenzen beschränken konnte. Darin steckte möglicherweise eine gewisse Unterschätzung der Bedeutung der Ökonomie für Deutschlands Schicksal.

*Kohl hat doch zweifellos die wirtschaftlichen Probleme der Einheit zu gering eingeschätzt.*

Sie standen für ihn möglicherweise nicht im Vordergrund. Vielleicht hat er gelegentlich auch nicht genau genug zugehört, wenn wir ihm diese Implikationen vorgetragen haben. Für ihn als Kanzler gab es übergeordnete gesamtpolitische Erwägungen.

*Es heißt, er sei beratungsresistent.*

Das habe ich anders erlebt. Aber er war fokussiert auf sein Hauptziel. Und in der Zeit nach 1989 ging es ihm darum, die

Chance der Wiedervereinigung zu nutzen. Das war das große Ziel. Da standen die ökonomischen Fragen nicht an erster Stelle.

*Helmut Kohl hatte da natürlich auch die Bundestagswahl 1990 im Blick. Und wer eine Wahl gewinnen will, fordert vorher keine allzu großen Opfer.*

Wer eine Wahl gewinnen will, versucht die Menschen zu erreichen. Und da hat Kohl sich entschieden, gerade den Menschen im Osten zu zeigen, ihr seid uns willkommen. Zu Gunsten von Helmut Kohl muss man fairerweise auch sagen, dass er die wirtschaftliche Herausforderung nicht als Einziger unterschätzt hat. Ganz freimütig: Ich schließe mich hier ein. Tatsächlich gab es kein vergleichbares historisches Vorbild für die Wiedervereinigung. Da werden fast zwangsläufig auch Fehler gemacht.

*Hätte Helmut Kohl mit Blick auf die Einheit genauso gehandelt, wenn er um die gravierenden finanziellen Folgen gewusst hätte?*

Ich bin überzeugt davon, dass er auch dann ohne Zögern die Einheit Deutschlands angestrebt hätte.

*Wäre Ihnen damals ein Kanzler Stoltenberg lieber gewesen?*

Ein Kanzler Stoltenberg hätte die ökonomischen und finanzpolitischen Implikationen sicher etwas gründlicher diskutiert. Ob das den Vereinigungsprozess unter dem Strich begünstigt hätte, will ich mal offen lassen. Die Vereinigung ist vor allem zustande gekommen, weil Kohl mit Bush, Mitterrand, Delors und Gorbatschow die Schlüsselpersonen auf seiner Seite hatte. So etwas kommt ja nicht von allein. Da muss jemand über Jahre hinweg Vertrauen aufgebaut haben und im entscheidenden Zeitpunkt auch sehr überzeugend sein. Beides ist Helmut Kohl gelungen.

*16 Jahre Kanzler Kohl. Wie fällt Ihre Gesamtbilanz aus?*

Helmut Kohl hat die Einheit Deutschlands mit einer weitsichtigen Politik der europäischen Integration verbunden. Das macht ihn zu einer großen historischen Figur. Richtig ist allerdings auch, dass diese großen Linien nur unzureichend ökonomisch unterfüttert waren. Die Republik hatte den Wiedervereinigungsauftrag im Grundgesetz, aber wir hatten dafür ökonomisch nicht vorgesorgt.

*Wie hätten wir uns denn ökonomisch auf eine Wiedervereinigung vorbereiten sollen oder können? Wäre die Bundesregierung da nicht sofort – im Inland wie im Ausland – in den Geruch gekommen, eine Ansammlung »Kalter Krieger« oder gar von Chauvinisten zu sein?*

Zunächst hätten wir über all die Jahre genauer hinschauen müssen, was in der DDR geschieht. Dann wären wir 1989 nicht so überrascht worden. Wir haben schlichtweg zu wenig über die tatsächliche Lage der DDR gewusst, über den Zustand der Wirtschaft und die Befindlichkeit der Menschen. Zum Teil war es ja geradezu schick, private Idylle in der DDR zu zeichnen. Für die immensen Umweltschäden in der DDR und im ganzen Ostblock interessierten sich nur wenige. Wir hätten Reserven anlegen können für den Fall der Wiedervereinigung.

*Wenn ich mir vorstelle, ein Kanzler Kohl hätte 1982 in seiner ersten Regierungserklärung gesagt, zusätzlich zur unumgänglichen Sanierung der Staatsfinanzen werden wir finanzielle Vorsorge für den Fall der Wiedervereinigung treffen, das hätte doch einen Aufschrei gegeben – national wie international.*

Das Vereinigungsziel stand im Grundgesetz, der besten geschriebenen und praktizierten Verfassung, die Deutschland je hatte. Ronald Reagan hatte keine Probleme damit, am Brandenburger Tor zu rufen: »Mister Gorbatschow, reißen Sie diese Mauer nieder, öffnen Sie dieses Tor!« Zu der Zeit haben wir in der Bundesrepublik noch über zwei Staatsbürgerschaften gestritten. Auch in der Union gab es Kleinmütigkeit in Bezug auf die deutsche Frage.

*Sprechen wir über Kohls Verwicklung in die CDU-Spendenaffäre. Hat sein Verhalten Sie menschlich enttäuscht?*

Die Affäre hat Schaden angerichtet. Darüber gibt es keinen Zweifel. Ich weiß über die Affäre aber nur aus den Zeitungen, weil ich damals in London war. Sein Verhalten war meines Erachtens geradezu charakteristisch für ihn: Wenn Helmut Kohl sich einmal festgelegt hat – auch mit Zusagen gegenüber wem auch immer –, dann ist er wie ein Fels, unverrückbar. Auch wenn er sich damit möglicherweise selbst Verletzungen einhandelt, die er bei ruhigerer Betrachtung durchaus vermeiden könnte. Aber so ist er: einer, der zu seinem Wort steht, auch wenn er Fehler macht.

*Unabhängig von den Details der Spendenaffäre: Sollte es nicht eine Selbstverständlichkeit sein, zu einem gegebenen*

*Ehrenwort zu stehen, gerade auch dann, wenn die Luft eisenhaltig wird?*

Das liegt in der Logik des Ehrenworts. Bedeutet aber auch, dass man mit seinem Ehrenwort sehr, sehr verantwortungsvoll umgehen sollte.

*Kommen wir zum gegenwärtigen Kanzler. Sind Sie Gerhard Schröder dankbar, dass er Sie zum IWF-Chef gemacht hat?*

Er war mir gegenüber immer fair. Während meiner Tätigkeit beim IWF war er auch immer für mich zu sprechen. Dafür bin ich ihm dankbar. Die Berufung nach Washington steht auf einem anderen Blatt. Denn durch meine Zusage habe ich ja auch für ihn ein Problem gelöst. Der Kanzler hatte angekündigt, einen Deutschen auf diesem Posten haben zu wollen. Und das hat er dann nach anfänglichen Schwierigkeiten auch durchgesetzt. Das spricht für sein Durchsetzungsvermögen. Ich hatte mich um diese Position allerdings nicht beworben.

*Wie oft hatten Sie als IWF-Chef mit Bundeskanzler Schröder zu tun?*

Ich war in jedem Halbjahr einmal bei ihm. Als er in Washington war, haben wir uns auch einmal dort getroffen.

*Hat Schröder zur Wirtschaft nicht einen anderen Zugang als Kohl?*

Sicherlich einen anderen. Ob es der bessere ist, will ich mal offen lassen. Kohl ist Historiker, Schröder Jurist.

*Haben Sie seit Ihrer Nominierung als Präsidentschaftskandidat mit ihm gesprochen?*

Ich hatte noch als IWF-Chef mit ihm einen Termin für Mitte März vereinbart. Wir haben dann kurz nach meiner Nominierung miteinander telefoniert und dabei einvernehmlich entschieden, diesen Gesprächstermin angesichts der neuen Lage zu streichen. Ich war zu diesem Zeitpunkt auch schon nicht mehr beim IWF.

*Schröder gilt in der Öffentlichkeit als ein Mann, bei dem die Grenze zwischen Beweglichkeit und Beliebigkeit fließend ist. Wie haben Sie ihn erlebt?*

Er ist sicherlich an ökonomischen Fragen interessiert und hat mich hierzu des Öfteren um meine Meinung gefragt. Schröder hat mir schon im Herbst 2002 gesagt, dass er eine ganz neue Reformdiskussion beginnen wolle, und mir seine Agenda in groben Zügen skizziert. Ich habe dies begrüßt und später auch in offiziellen IWF-Dokumenten zum Ausdruck gebracht.

*Helmut Schmidt hat wegen der Nachrüstung seine Kanzlerschaft riskiert. Ist Schröders Einsatz für die »Agenda 2010« damit vergleichbar?*

Ich glaube, schon. Denn diese Kurskorrektur ist für Wählergruppen, die der SPD nahe stehen, insbesondere für die Gewerkschaften, nicht einfach zu schlucken. Insoweit demonstriert der Kanzler politischen Mut. Die »Agenda 2010« hat in ihrer Signalwirkung durchaus eine historische Bedeutung über Partei- und Koalitionsfarben hinweg. Die notwendige

Zukunftssicherung Deutschlands ist eine längerfristige Reformaufgabe. Wir müssen – wie es die katholische Bischofskonferenz ausgedrückt hat – das Soziale neu denken.

*Wo liegen Schröders Schwächen?*

Das fragen Sie ihn am besten selbst.

*Er hätte es sicherlich einfacher gehabt, wenn er 1998 nicht als Erstes die Reformen der Regierung Kohl zurückgenommen hätte.*

Das war in der Tat ein großer Rückschlag für den Modernisierungsprozess in Deutschland.

*Der Bundespräsident muss mit jedem Kanzler zusammenarbeiten. Kann es für Gerhard Schröder nicht sogar ein Vorteil sein, dass Sie von der CDU kommen? Wenn Sie ihn loben, zählt das doppelt. Wenn Sie ihn kritisieren, tut das nicht so weh – oder?*

Für den Bundespräsidenten können parteipolitische Erwägungen nicht maßgeblich sein. Wenn ich etwas zu sagen habe, tue ich das im Interesse des gesamten Volkes. Deshalb werde ich mich bei einer SPD-geführten Bundesregierung nicht anders verhalten als bei einer unionsgeführten Bundesregierung.

*Vielleicht werden Sie ja eines Tages Schröder die Entlassungsurkunde aushändigen – und Angela Merkel die Ernennungsurkunde. Können Sie sich noch daran erinnern, wann Sie dem »Mädchen« zum ersten Mal begegnet sind?*

Ich bin ihr zum ersten Mal begegnet, als sie stellvertretende Regierungssprecherin der DDR-Regierung unter Lothar de Maizière war. Später habe ich sie dann als Ministerin für Frauen und Jugend in Bonn getroffen.

*Hätten Sie damals gedacht, dass Angela Merkel es einmal zur politisch mächtigsten Frau in der Republik bringt?*

Das kam mir damals nicht in den Sinn. Aber dass Frau Merkel etwas hatte und vor allem eine bestimmte gedankliche Eigenständigkeit besaß, fiel mir von Anfang an auf. Allerdings war dieser Charakterzug damals für mich noch nicht als politische Potenz fassbar.

*Für Sie als Ökonom, der sich besonders mit der Ordnungspolitik beschäftigt hat, muss es doch ein besonderes Aha-Erlebnis sein, dass ausgerechnet eine ostdeutsche Frau die CDU ordnungspolitisch wieder auf Linie bringt.*

Ich sehe da sogar eine gewisse Logik. Frau Merkel wird sich vermutlich noch lebhaft daran erinnern, was Unfreiheit und Planwirtschaft bedeuten, nämlich die Knebelung der schöpferischen Kräfte der Menschen und Mangelwirtschaft. Zur sozialen Marktwirtschaft gibt es keine vernünftige Alternative. Doch um den Sozialstaat in Deutschland zu retten, brauchen wir eine neue Balance zwischen kollektiver Solidarität und Eigenverantwortung. Vor allem dürfen wir uns keinem Wirklichkeitsverlust über die Position des Landes im internationalen Wettbewerb hingeben. Frau Merkel bringt auch durch ihre naturwissenschaftliche Ausbildung ein neues und erfrischendes Element in die deutsche Politik.

*Ist die Merkel-CDU wieder näher bei Ludwig Erhard, als sie das zwischen 1990 und 1998 war?*

Diesen Eindruck habe ich, sowohl konzeptionell als auch von der inneren Einstellung her. Allerdings ist Frau Merkel auch intelligent genug, um zu wissen, dass soziale Marktwirtschaft zu Beginn des 21. Jahrhunderts nicht einfach eine Kopie von 1949 sein kann.

*Welche Dimensionen sind denn dazugekommen oder müssten dazukommen?*

In jedem Fall die weltwirtschaftliche, globale Dimension. Daraus ergibt sich zwangsläufig auch die ökologische Dimension. Dann die demographische Entwicklung mit der dramatischen Alterung der deutschen Gesellschaft. Und wir müssen auch berücksichtigen, dass die modernen Technologien die Arbeitswelt total verändert haben.

*Sie sind 1993 weggegangen von Bonn. Hatten Sie dennoch weiterhin Kontakt mit Frau Merkel?*

Als Sparkassenpräsident bin ich ihr bei einer Initiative von Politikern und Unternehmern begegnet, die sich für Mecklenburg-Vorpommern engagierten. Der Kontakt riss ab, als ich 1998 nach London ging.

*Und wann wurde er wieder aufgenommen?*

Als sie 2002 zu politischen Gesprächen in Washington war, besuchte sie mich im IWF. Außerdem habe ich sie zur Feier meines 60. Geburtstages im Februar 2003 eingeladen.

*Dann war das Verhältnis aber doch enger. Zum Geburtstag lädt man ja schließlich nicht jeden ein.*

Frau Merkel fand ich einfach beeindruckend.

*Wann hat Angela Merkel Sie gefragt, ob Sie für eine Kandidatur als Bundespräsident bereitstünden?*

Ende Januar 2004 rief sie mich in Washington an und schilderte mir die Lage in dieser Frage. Sie sagte ausdrücklich, dass sie mir kein Angebot mache. Sie fragte nur, ob ich mir eine Kandidatur vorstellen könne. Also, sie hat mir da keine Versprechungen gemacht und hat sich mir gegenüber in keiner Weise festgelegt. Sie war da außerordentlich klar.

*Und Ihre Antwort?*

Ich habe gesagt, meine größten Talente lägen nicht unbedingt in der Repräsentation, ich traute mir das Amt aber zu. Natürlich müsse ich mit meiner Frau reden. Ich habe hinzugefügt: Eine mögliche Nominierung für dieses Amt wäre eine große Ehre.

*Angela Merkel, dieser »Physikerin der Macht«, wird nachgesagt, sie habe in erster Linie Wolfgang Schäuble als Präsident verhindern wollen. So besehen waren Sie eine Figur auf dem Schachbrett der CDU-Vorsitzenden.*

Sie musste überlegen, wie sie aus der Sicht der Union am besten vorgehen konnte. Ich war an dieser ganzen Diskussion nicht beteiligt. Hätte ich mich verweigert, hätte sich damit überhaupt nichts für eine mögliche Kandidatur Schäubles verändert. Die Frage, ob Schäuble nominiert wird oder nicht, hing ja nicht mit meiner Bereitschaft zusammen, zu kandidieren.

*Hat Angela Merkel das Zeug, eine deutsche »Maggie Thatcher«, eine Reform-Kanzlerin, zu werden?*

Ich mische mich nicht in die Kanzlerkandidatenfrage der Union ein. Aber ich gehe sicher nicht zu weit, wenn ich sage: Natürlich kann eine Partei- und Fraktionsvorsitzende auch eine gute Bundeskanzlerin werden, die Deutschland aus seiner Malaise herausführt. Sie sollte Maggie Thatcher nicht kopieren, aber bei der Tiefe und der Breite der Reformpolitik durchaus an ihr Maß nehmen. Aber noch mal: Das ist nicht Sache des Bundespräsidenten, sondern der Parteien.

*Zurück zu den Männern: Es wird berichtet, Kohl habe Sie zu dem russischen Präsidenten Boris Jelzin geschickt, um ihn über Marktwirtschaft aufzuklären. Wie muss man sich so eine Nachhilfestunde vorstellen?*

Ich habe öfter mit Präsident Jelzin gesprochen. Das hatte mit deutschen Interessen zu tun. Auf Jelzins eigenen Wunsch hin sollte ich ihm aber auch darlegen, wie Marktwirtschaften funktionieren und wie Russland Zugang zu westlichen Investitionen finden könne.

*Jelzin soll Sie einmal angebrüllt haben.*

Ich musste ihm einmal in deutlichen Worten klar machen, dass Russland verlässliche Investitionsbedingungen und

Rechtssicherheit schaffen müsse, um mit dem Westen ins Geschäft zu kommen. Da hat er dann seine Minister gerüffelt und sie mit vergleichsweise harschen Worten angewiesen, die von mir angesprochenen Punkte binnen einer Woche zu erledigen. Das war natürlich peinlich für mich, da Zeuge zu sein. Nach einem Besuch von Helmut Kohl in Moskau kam Jelzin auf mich zu, gab mir die Hand und sagte auf Deutsch: »Noch böse?«

*Über Jelzin kursierten viele Gerüchte. Es hieß, er sei ein »Despot« und »Alkoholiker«. Wie wirkte er auf Sie?*

Ich habe ihn als warmherzig empfunden. Betrunken habe ich ihn nie erlebt. Jelzin gab sich gern als entscheidungsfreudiger Staatsmann, der bei schwierigen Verhandlungen den gordischen Knoten durchschlägt.

*Waren Sie auch mit Jelzin in der Sauna?*

Nein, während Kohl und Jelzin in der Sauna saßen, habe ich verhandelt.

*Verlassen wir mal den Bereich der Politik. Wer hat Sie – abgesehen von den Eltern – besonders beeindruckt und geprägt?*

Da ist zunächst mein Grundschullehrer Balle zu nennen. Er war eine Schlüsselfigur in meinem Leben, weil er mich darauf aufmerksam gemacht hat, dass Schule und alles, was man lernt, einem letztlich hilft und Freiheit vermittelt. An der Universität haben mir mein Institutsleiter, der schon erwähnte Wirtschaftstheoretiker Ott, aber auch Professor Norbert Kloten, der Wirtschaftspolitik lehrte, einen systematischen und analytischen Zugang zu Ökonomie und Politik vermittelt.

*Und außerhalb der Universität?*

Im Bundeswirtschaftsministerium war für mich besonders die Arbeit im Referat für Finanzpolitik prägend. Der Referatsleiter Eduard Pietsch war nicht nur ordnungspolitisch sehr prinzipientreu, er ermutigte mich auch zu unabhängigem Denken. Ich erinnere mich noch, wie mein ehemaliger Studienkollege Spöri als Bundestagsabgeordneter der SPD den Paragrafen 6b Einkommensteuerrecht – da geht es um die Steuerfreiheit von Veräußerungsgewinnen – sehr kritisiert hat. Diese Kritik hat Pietsch geteilt. Und das Referat ist nicht davor zurückgeschreckt, intern gegen die offizielle Linie des Hauses zu argumentieren. Man muss auch dann zu seiner Meinung stehen, wenn man nicht alle auf seiner Seite hat.

*Sie haben viele Persönlichkeiten in Politik und Wirtschaft kennen gelernt. Über Gerhard Stoltenberg haben wir ja schon gesprochen.*

Er war mein politischer Mentor. Mit ihm habe ich oft nach Mitternacht noch im Finanzministerium bei wenig Whiskey und viel Soda zusammengesessen. Ich habe damals gespürt, dass Spitzenpolitiker von seinem Kaliber manchmal auch sehr einsam sein können. Er hat sich ja nicht mit anderen verbrüdert. Für ihn waren die Wiederherstellung geordneter Staatsfinanzen und der Abbau von Schulden eine im Kern ethische Verpflichtung. Gerhard Stoltenberg war mehr als ein Chef. Er war ein Vorbild für mich.

*Sind Sie mit ihm auch privat verkehrt?*

Ab und zu. Aber unsere Beziehung war weniger eine private Freundschaft als eine geistige Verwandtschaft.

*Wer hat Sie noch besonders beeindruckt?*

Sicherlich Graf Lambsdorff und Theo Waigel.

*Inwiefern?*

Graf Lambsdorff stand für ordnungspolitische Geradlinigkeit, und er hat den Mut gehabt, daraus die politischen Konsequenzen zu ziehen. Bei Theo Waigel hat mich vor allem seine Menschlichkeit beeindruckt. Er hatte ähnlich wie ich Anfang der neunziger Jahre eine persönlich schwere Zeit. Wir haben uns während der vielen langen Rückflüge von politischen Terminen im Ausland häufig darüber ausgetauscht. Dabei stellte ich fest, dass er Kraft zum Durchstehen nicht nur aus der theologischen Philosophie oder aus Gesprächen mit Schriftstellern wie Reiner Kunze bezog. Er tankte diese Kraft auch aus Begegnungen mit Behinderten und Schwerstbehinderten im Dominikus-Ringeisen-Werk in Ursberg in seiner Heimat in Mittelschwaben. Theo Waigel ist kein Politiker der forschen und lauten Art. Er gebraucht und versteht wie kein anderer die leisen Töne und den Humor.

*Wie hat Theo Waigel denn reagiert, als Sie ihm sagten, Ihrer Tochter zuliebe wollten Sie aus dem Ministerium ausscheiden und zum Sparkassenverband wechseln?*

Er hat keinen Hehl daraus gemacht, dass er das sehr bedauerte. Wir hatten ja gut zusammengearbeitet. Aber er hat das sofort verstanden. Deshalb hat er auch gar nicht versucht, mich von meinem Entschluss abzubringen. Er wusste, dass ich diesen Wechsel brauchte, um meine eigene Lebensbalance wieder zu finden.

*Theo Waigel hat sich über Ihre Präsidentschaftskandidatur sehr positiv geäußert. Das entbehrt ja nicht der Pikanterie. Denn Theo Waigel wäre wohl gern selbst Bundespräsident geworden.*

Theo Waigel hat menschliche Größe. Er ist mir ein guter und freundschaftlicher Ratgeber.

*Kommen wir zu Hans Tietmeyer. Er war als Abteilungsleiter im Wirtschaftsministerium und Staatssekretär im Finanzministerium Ihr Vorgänger.*

Hans Tietmeyer war mir ein Vorbild an Arbeitseinsatz und Arbeitsmoral. Meine Bewunderung für seine beispielhafte Arbeitsleistung im Bundesministerium der Finanzen und im Bundeswirtschaftsministerium wurde noch einmal gesteigert, als er als Bundesbankpräsident maßgeblich Einfluss auf das geldpolitische Konzept der Europäischen Zentralbank nahm. Er verkörpert mit seiner Erfahrung und ordnungspolitischen Geradlinigkeit Stabilitätspolitik wie kein anderer.

*Gab es auf Seiten der damaligen Opposition, also zwischen 1990 und 1993, jemanden, der Sie beeindruckt hat?*

Ich war vor allem beeindruckt von Jochen Vogel, dem damaligen Fraktions- und Parteivorsitzenden der SPD. Er war ein scharfer Kritiker der Regierung. Helmut Kohl schickte mich zu Jochen Vogel, um diesen über den Stand unserer Arbeiten an einer ökonomischen Eröffnungsbilanz für die DDR zu informieren. Ich kam unglücklicherweise eine Minute zu spät.

*Wie bei Helmut Kohl einmal im Kabinett.*

So ist es. Daraus dürfen Sie jetzt aber nicht schließen, dass ich notorisch zu spät komme.

*Und der »Oberlehrer« Vogel war pikiert, stimmt's?*

Ja, das merkte ich sofort am Ton. Das Gespräch verlief anfänglich nicht so gut. Er hat sehr kritische Fragen gestellt. Die waren auch berechtigt. Frau Matthäus-Meier, die bei diesem Gespräch ebenfalls anwesend war, half mir aber. Doch ich merkte bald, dass Jochen Vogel die Einheit auch wollte. Er war ein kluger Oppositionsführer. Ich habe als Staatssekretär immer Wert auf eine gute Zusammenarbeit mit der Opposition gelegt. Mit Helmut Schmidt habe ich mich seit Anfang der neunziger Jahre mindestens ein Mal pro Jahr zu einem längeren Gespräch getroffen.

*Die Politik der Bundesregierung und insbesondere die des Finanzministeriums wurde von Oskar Lafontaine heftig attackiert. Hatten Sie mit ihm persönlich Kontakt?*

Nein.

*Wie hat der Kanzlerkandidat von 1990 aus der Ferne auf Sie gewirkt?*

Ich sah ihn als einen eigenständigen Kopf. Mir wurde nur nicht klar, was er eigentlich wollte. Enttäuschend fand ich, wie er später als Minister seine ganze Verantwortung wegwarf.

*Und wer hat auf der internationalen Ebene Eindruck auf Sie gemacht?*

Eindeutig Jacques Delors, weil er der deutschen Einheit von Anfang an positiv gegenüberstand und eine Vision für Europa hatte. Aus meiner Zeit im IWF muss ich Jim Wolfensohn, den Präsidenten der Weltbank, nennen. Er kämpft nimmermüde gegen die Armut in der Welt, mit immer wieder neuen Ideen und Initiativen. Ich frage mich, wo der Mann seine Energie hernimmt. Ein Gewinn war die Zusammenarbeit mit Kofi Annan. Besonders beeindruckende Gespräche führte ich mit Präsident Lula von Brasilien. Seine Wachstumsagenda hat mich fasziniert. Er verfolgt eine konservative Wirtschafts- und Finanzpolitik, vergisst aber gleichzeitig die Schwachen nicht.

*Sie haben dafür gesorgt, dass der IWF Brasilien im Jahr 2002 einen Kredit über 30 Milliarden Dollar zugesagt hat, den größten Kredit in der Geschichte des Währungsfonds. Da mussten Sie ja zuerst einmal den Widerstand der amerikanischen Regierung überwinden.*

Auf diese Entscheidung bin ich stolz. Sie hat einen reibungslosen Regierungswechsel in Brasilien ermöglicht und ein Desaster in der Weltwirtschaft verhindert. Da musste ich überhaupt keinen Widerstand der amerikanischen Regierung überwinden. Die waren heilfroh über meine Entscheidung.

*Hatten Sie als junger Beamter ein Vorbild gehabt?*

Kurt Biedenkopfs Analysen zu Staatsverschuldung und Altersversorgung empfand ich als intellektuell inspirierend und politisch weitsichtig.

*Hatten Sie in der Zeit als Staatssekretär einen großen Freundeskreis?*

Nein, dazu fehlte schlicht die Zeit. Aber wir wohnten damals in Meckenheim bei Bonn in einer wunderbaren, intensiven Nachbarschaft. Die alten Nachbarn haben nach meiner Nominierung zum Präsidentschaftskandidaten spontan eine Party veranstaltet. Im Ministerium habe ich Gert Haller, heute Chef von »Wüstenrot«, als wirklich engen Freund kennen und schätzen gelernt.

*Als Sie als Kandidat im Gespräch waren – mit wem haben Sie darüber gesprochen?*

Vor allem mit meiner Frau und meinen Kindern, meiner Schwester und meinem Schwager.

# 5
# Deutschlands Stärken, Deutschlands Schwächen

## »Wir leben in bedenklicher Weise von der Substanz«

*Sie erwähnten, dass Sie 1972 wegen Willy Brandt die SPD gewählt haben. Damals warb die SPD mit dem Slogan: »Deutsche, wir können stolz sein auf dieses Land.« Können wir das heute noch? Und auf was können wir stolz sein?*

Auch wenn der Begriff Stolz, auf Deutschland angewandt, von vielen nicht gemocht wird: Tatsache ist, dass die Deutschen nach 1945 eine enorme Leistung vollbracht haben. Wir haben aus der Geschichte gelernt. Mit genauso viel Selbstbewusstsein können wir auf unser Grundgesetz, auf die Verfassungswirklichkeit, auf unsere gelebte Demokratie schauen. Stolz sein können wir meines Erachtens auch darauf, dass unser Volk die Wiedervereinigung wollte und sie verwirklicht hat. Und das, ohne dass ein einziger Schuss fiel. In dem Ruf der Ostdeutschen, »Wir sind das Volk«, kam der Wunsch nach Freiheit und Demokratie sehr ursprünglich und sehr kraftvoll zum Ausdruck.

*Aber das eine liegt 50 und das andere 15 Jahre zurück.*

Dennoch bleiben es großartige Leistungen, auf die wir stolz sein können. Das darf uns nur nicht den Blick auf bestehende Probleme verstellen. So haben wir unterschätzt, dass wirtschaftlicher Erfolg in einer Welt, die sich immer stärker vernetzt, jeden Tag neu errungen und verteidigt werden muss. Stattdessen haben wir uns zu früh auf das Ausruhen umgestellt. Daran haben wir jetzt zu kauen. Außerdem haben wir – vielleicht auch aufgrund unseres ökonomischen Erfolges – die materiellen Dinge in ihrer Wertigkeit zu hoch gehängt und zu wenig auf jene Werte geachtet, die Zukunft begründen: Familie, Arbeitsmoral, Disziplin und Loyalität.

*Das ist ja meine These: Das haben die Achtundsechziger kaputtgemacht. Sie beurteilen diese Zeit dagegen etwas milder.*

Ja, und daran halte ich auch fest, weil die Achtundsechziger auch Themen wie Ökologie und die Gleichberechtigung der Frau vorangebracht haben. Aber da haben Sie Recht, der »Marsch durch die Institutionen« hat strukturelle Veränderungen gebracht, die die Bewältigung der neuen Herausforderungen am Beginn des 21. Jahrhunderts erschweren. Wir haben mit strukturellen Schwächen innerhalb der Gesellschaft zu kämpfen. So wichtig die Ökologie auch ist: Ihre Bindewirkung innerhalb der Gesellschaft allein ist zu schwach. Spannend finde ich jedoch, dass Werte wie Familie und Bindung in der Generation der Nach-Achtundsechziger, die heute in Verantwortung kommt, offenbar wieder interessanter werden. Hier tut sich was.

*Sie kennen die Welt. Sie haben als Staatssekretär und IWF-Chef zirka einhundert Auslandsreisen gemacht. Wenn Sie internationale Vergleiche anstellen: Wo steht Deutschland heute?*

In dem Dorf Zöbigker bei Leipzig begann in der Volkschule für Horst Köhler (erste Reihe, Fünfter von rechts) der Ernst des Lebens.

Für die beiden jüngsten Kinder, Horst und Uschi (ganz links), war es immer ein besonderes Erlebnis, im Beiwagen von Vaters Motorrad kutschiert zu werden.

An Weihnachten trug auch der kleine Horst eine Krawatte (hier im Flüchtlingslager Ludwigsburg). Vorne die Mutter mit Uschi und Horst, in der zweiten Reihe (von links) die Brüder Ede, Adolf, Arthur und der Vater.

Geburtstage der Mutter waren immer Anlass für ein Familientreffen, hier in den achtziger Jahren in Meckenheim bei Bonn. Links: Bruder Hans.

Der doppelte Köhler: Als Rekrut beim »Bund« und als lässiger Twen im Stil der sechziger Jahre.

Bis zur Flucht 1953 wohnte Familie Köhler hier im sächsischen Zörbigker. 2004, beim Besuch des Präsidentschaftskandidaten Köhler, stand das abbruchreife Haus zum Verkauf.

Das »Häusle« im schwäbischen Herrenberg-Mönchberg, bei dessen Ausbau der junge Familienvater in den siebziger Jahren kräftig mit anpackte, ist heute noch bewohnt.

»Sherpa«: Als Sonderbeauftragter von Bundeskanzler Kohl für die Weltwirtschaftsgipfel hatte Köhler mit »großen Tieren« wie dem amerikanischen Präsidenten George Bush (1990) zu tun – aber er versuchte sich bei der IWF-Tagung 1991 in Bangkok auch als »Schlangen-Bändiger«.

Familienbild mit Kanzler: Horst Köhler mit Frau Eva und den Kindern Ulrike und Jochen beim Weltwirtschaftsgipfel in Houston, 1990.

Fachgespräch: Der Staatssekretär mit seinem Vorgänger Hans Tietmeyer (Mitte) und dem damaligen Bundesbankpräsidenten Helmut Schlesinger.

Der kleine Unterschied: Boris Jelzin und Helmut Kohl in Freizeitkluft, der Unterhändler Köhler dagegen im »Arbeitsanzug«.

Zwei Präsidenten: Bundespräsident Roman Herzog und der Präsident des Sparkassen- und Giroverbandes in Leipzig (1998).

Prag: Bei der 55. Jahrestagung des IWF in Prag mit dem tschechischen Präsidenten Václav Havel im Jahr 2000.

Antrittsbesuch: Der erste deutsche Währungsfonds-Direktor bei Bundeskanzler Gerhard Schröder.

Partner: Der IWF unterstützte die Reformpolitik des brasilianischen Präsidenten Lula mit einem 30-Milliarden-Kredit.

Neuer Partner: Der IWF-Direktor beim russischen Präsidenten Putin in dessen Sommerresidenz außerhalb Moskaus.

Keine Berührungsängste: Als IWF-Chef stellte sich Horst Köhler immer wieder den Argumenten von Globalisierungsgegnern (oben) – und hatte in Bono von der Rockband U2 (unten) einen Mitstreiter gegen Hunger und Elend in der Welt.

Koalitions-Partner: Der FDP-Vorsitzende Guido Westerwelle (links) und die CDU-Vorsitzende Angela Merkel mit dem frisch gekürten gemeinsamen Präsidentschaftskandidaten im März 2004.

Unions-Partner: Die CDU-Vorsitzende Angela Merkel und der CSU-Vorsitzende Edmund Stoiber (rechts) präsentieren Horst Köhler als »Reform-Präsidenten«.

Freude und Erleichterung: Horst Köhler nach seinem knappen Wahlsieg mit 604 von 1204 Stimmen am 23. Mai 2004 im Plenarsaal des Reichstags. Präsidenten-Macherin Angela Merkel freut sich mit.

»So wahr mir Gott helfe«: Der neue Präsident legt am 1. Juli 2004 den Amtseid ab. Rechts Bundestagspräsident Wolfgang Thierse, links Bundesratspräsident Dieter Althaus.

Signal nach Osten: Die erste Auslandsreise führt Horst Köhler nach Polen – ins Land seiner Geburt. In Danzig wird er von der Bevölkerung freudig begrüßt, auch von einem »Piraten«, der Touristen »jagt«.

Signal an Behinderte: Als erstes deutsches Staatsoberhaupt besucht Horst Köhler im September 2004 die »Paralympics« in Athen, nimmt sich viel Zeit für die Begegnung mit behinderten Sportlern.

Schlagkräftig: In einem Boxcamp für schwer erziehbare Jugendliche in der Nähe von Kassel steigt der Präsident in den Ring – zum Amüsement des handverlesenen Publikums.

Herzlich: Afrika liegt Horst Köhler seit seiner Zeit beim Währungsfonds besonders am Herzen. Kaum im Amt, bereiste er den schwarzen Kontinent, wo er in Äthiopien ein Ausbildungszentrum der Stiftung »Menschen für Menschen« besucht.

Schwierige Mission: Bei Reisen nach Israel wird deutlich, dass es mit Blick auf die Nazizeit keinen »Schlussstrich« geben kann. Hier besucht Horst Köhler Yad Vashem, die Gedenkstätte für die Opfer des Holocaust.

Land der Tempel: Kein Staatsbesuch ohne Sightseeing. Der Präsident und seine Frau in Kyoto.

»Kinder bedeuten Leben«: Der Präsident unterstützt durch seine Besuche gern »Bündnisse für Kinder«, so wie hier im hessischen Melsungen. Auch bei den kleinen Bürgern wirkt sein Lachen ansteckend.

Abschied von einem großen Papst: An der Spitze der deutschen Delegation erweist der Bundespräsident im April 2004 dem verstorbenen Johannes Paul II. im Petersdom die letzte Ehre.

Der Präsident hat bereits seit 35 Jahren eine »First Lady«. Hier zeigt er seiner Frau Eva den Cospudener See in seiner »alten Heimat« südlich von Leipzig.

Wir sind immer noch ein reiches Land, doch wir leben in bedenklicher Weise von der Substanz. Mit dem Label »ökonomischer Riese und politischer Zwerg« konnten wir lange Zeit gut leben.

*Eine recht bequeme Situation.*

Nach dem Zweiten Weltkrieg musste Deutschland sich erst einmal geduldig und behutsam Vertrauen erwerben. Das war richtig und angemessen so, im Laufe der Jahre aber auch bequem. Wir konnten uns aus internationalen Konflikten heraushalten und mussten die Ressourcen für die Übernahme politischer Verantwortung nicht bereitstellen. Das hat schließlich sogar zu einer gewissen Kleinmütigkeit, ja zur Ängstlichkeit beigetragen. Wir sind da als Volk dem Prozess des politischen Erwachsenwerdens – im Bewusstsein unserer Vergangenheit und mit Blick auf die Zukunft – ausgewichen. Es entwickelte sich eine Atmosphäre der Bequemlichkeit, die von den sozialpolitischen Gralshütern dieser Republik noch gefördert wurde.

*Wo sind wir denn heute noch »spitze«?*

Es gibt einzelne herausragende Lehrstühle, zum Beispiel in der Physik. In der Breite von Wissenschaft und Technologie sind wir in den meisten Fällen jedoch nur noch Mittelmaß. Es gibt einzelne Wirtschaftsunternehmen, die gut geführt sind und international mithalten können, vom Automobilbau bis zum Maschinenbau. Aber zurückgefallen sind wir in den dynamischen Wachstumsbereichen und in der modernsten Technologie.

*Eine Wissensgesellschaft sind wir sicher noch nicht.*

Nein, wir sind langsam auf dem Weg dahin, und dies macht mir mit Blick auf die Arbeitsplätze in Deutschland Sorge.

*Sind wir eine gefestigte Demokratie?*

Wir sind mindestens so gefestigt wie viele vergleichbare Industrieländer. Allerdings ist unsere Demokratie noch nicht getestet bei anhaltender Wachstumsschwäche. Insofern stehen wir jetzt, wo es nichts mehr zu verteilen gibt, vor einer Bewährungsprobe ganz neuer Art. Unsere Demokratie muss deshalb jeden Tag aufs Neue verteidigt werden. Die Formel »einmal Demokratie, immer Demokratie« stimmt leider nicht.

*Ist diese Gesellschaft Ihrer Meinung nach ausreichend offen und durchlässig?*

Als Arbeiterkind bin ich ja selbst ein Beispiel für die Durchlässigkeit dieser Gesellschaft. Der wirtschaftliche und gesellschaftliche Aufstieg ist möglich, unabhängig vom Elternhaus. Ich wünschte mir aber eine größere intellektuelle Offenheit. Wir experimentieren zu wenig, wir müssen mehr Neugier für die Wege anderer vergleichbarer Länder entwickeln.

*Sind wir eine ausreichend tolerante Gesellschaft?*

Auch hier würde ich den Vergleich mit anderen Ländern nicht scheuen. Es gibt Länder, die tun für die Integration von Zuwanderern viel weniger als wir.

*Wie stehen Sie zur multikulturellen Gesellschaft? Sind wir eine Gesellschaft mit christlich-abendländischer Tradition, die andere kulturelle und religiöse Ansichten toleriert, also erträgt? Oder sind wir so liberal, dass uns alles gleichgültig ist?*

Wir sollten zum Beispiel gegenüber dem Islam mit unseren Vorstellungen von der Familie, der Gleichberechtigung der Frauen nicht hinter dem Berg halten. Ein Kreuz deshalb abzuhängen, weil andere das Kreuz nicht sehen wollen, entspricht nicht meinem Verständnis von Toleranz. Man darf seine Prinzipien nicht vorauseilend aufgeben, in der irrigen Annahme, dies würde das Verständnis der Kulturen erleichtern. Das Gegenteil ist richtig: Auf einer sicheren eigenen Wertebasis ist es leichter, gegenüber dem Anderen tolerant zu sein.

*Was bedeutet das konkret? Sollten wir das Kopftuch als religiöses Symbol respektieren, auch wenn es gleichzeitig ein politisches Symbol sein kann?*

Das bedeutet zunächst, dass wir uns um einen konstruktiven Dialog mit dem Islam bemühen sollten und den Islam nicht pauschal als gegen das Christentum und gegen den Westen gerichtete Religion interpretieren sollten. Es bedeutet auch, dass wir von friedlichen Moslem-Führern erwarten können, dass diese sich von radikalen, fundamentalen Kräften distanzieren.

*Das Kopftuch ...*

Weil das Kopftuch ohne Zweifel auch ein politisches Symbol sein kann, unterstütze ich alle, die gerade im Zusammenhang mit dem öffentlichen Dienst an dieser Stelle Grenzen setzen wollen.

*Der Berliner Senat verhält sich eigentlich doch konsequent, wenn er sagt, religiöse und politische Symbole haben in öffentlichen Einrichtungen wie Schulen oder Amtsstuben nichts zu suchen. Ganz gleich, ob Kreuz, Kopftuch oder Kippa.*

Ich fände es bedauerlich, wenn die Diskussion um das Kopftuch dazu führt, dass christliche oder jüdische Symbole verdrängt würden.

*Sie haben schon mehrfach unsere Wertebasis angesprochen beziehungsweise das, was davon noch übrig ist. Es scheint, dass Steuerhinterziehung, Versicherungsbetrug und Schwarzarbeit bei uns zum Volkssport geworden sind. Sind wir ein Volk von Steuerhinterziehern und Betrügern geworden?*

Ich sehe auf allen Ebenen, oben und unten, in dieser Hinsicht bedenkliche Entwicklungen. Wer Steuerhinterziehung als Notwehr gegen eine zu hohe Besteuerung rechtfertigt, der verharmlost das. Tugenden wie Anstand, Ehrlichkeit und Treue erodieren bei uns. Aber auch hier hat das Leben zwei Seiten, denn wir müssen auch nach den Ursachen für diese Entwicklung fragen, und die liegen nicht immer bei dem, der so etwas macht.

*Ist die Schwarzarbeit nicht das »Luxemburg« des kleinen Mannes?*

Das kann man vielleicht so beschreiben. Aber manchmal steht auch schlicht Not dahinter, und der Staat muss sich fragen lassen, wie er Anreize gegen Schwarzarbeit und für mehr Steuerehrlichkeit schaffen kann.

*Können Sie nachvollziehen, dass so genannte kleine Leute sagen: Wenn die Spitzenmanager sich mit Millionen bedienen – warum soll ich es dann eigentlich so genau nehmen?*

Ich kann das nachvollziehen, auch wenn es natürlich so nicht gehen darf. Bei dem Verhalten mancher Manager bleibt einiges zu wünschen übrig. Für die Angemessenheit eines Manager-Gehalts gibt es keine schematischen Regeln. Aber wenn zum Beispiel ein Unternehmen einerseits durch eine Phase der Freisetzung von Arbeitnehmern geht und die, die noch bleiben, nur eine Einkommenssicherung haben, der Manager aber gleichzeitig zweistellige Millionenbeträge erhält, dann ist das instinktlos. Zum Gehalt kommt das Verhalten – und dafür haben die Mitarbeiter ein feines Gespür.

*Lassen Sie uns über die wirtschaftliche Lage sprechen. Der Standort Deutschland ist irgendwie doppelgesichtig. Einerseits sind viele Unternehmen in der Lage, trotz hoher Abgabenbelastung und hoher Arbeitskosten Produkte herzustellen, die sich mit großem Erfolg in aller Welt verkaufen lassen. Aber gleichzeitig wächst die Wirtschaft nicht nur langsamer als in allen anderen europäischen Ländern, sondern im dritten Jahr hintereinander praktisch gar nicht mehr. Können Sie dieses Paradoxon erklären?*

Durch unsere organisatorische Effizienz, die technische Qualität der Produkte, unsere Kenntnis der Märkte und unser Marketing sind wir immer noch in der Lage, etwas anzubieten. Das gilt jedenfalls für einzelne Unternehmen. Insgesamt aber sind wir nicht mehr gut genug, um auf den Weltmärkten so erfolgreich zu sein, wie wir das früher einmal waren. Französische Autoren wie Jean-Jacques Servan-Schreiber haben über Jahrzehnte hinweg Bücher darüber geschrieben, wie die Franzosen die Deutschen eines Tages überrunden werden. Es schien lange so, als würde es ihnen nie gelingen. Heute jedoch sind die Franzosen beim Pro-Kopf-Einkommen besser als wir, auch wenn man berücksichtigen muss, dass wir zusätzlich die Kosten für den Aufbau Ost zu tragen haben. Unsere Nachbarn fragen sich zunehmend beunruhigt: Was ist mit den Deutschen los? Wir sind langsamer als andere, uns auf die neuen Arbeitsbedingungen in einer globalisierten Welt einzustellen. Die Grundlagen für Wachstum erodieren, weil wir schon seit langem mehr für sozialen Konsum ausgeben als für Investitionen.

*Unser Wirtschafts- und Sozialsystem ist auf Wachstum angelegt. Wie viel Wachstum brauchen wir?*

Der von Willy Brandt in den siebziger Jahren angestrebte Ausbau des Sozialstaats – damals hieß das »Erweiterung des öffentlichen Korridors« – verlangte anhaltend jährliche fünf Prozent Wachstum, um ohne Verschuldung finanziert werden zu können. Weil das nicht erreicht wurde, geriet auch Helmut Schmidts Politik in die Sackgasse. Wirtschaftliches Wachstum ist hilfreich, es ist möglich, und es kann durch eine entsprechende Politik auch gestärkt werden. Wachstum kann aber nur das Ergebnis von Rahmenbedingungen, Motiven und Zielen sein. Sobald sich Politik, insbesondere Sozialpolitik, von hohen Wachstumsraten abhängig macht, begibt sie sich auf eine schiefe Ebene. Dies ist die Schlüsselfrage: Schaffen die Demokratien es, Spielräume für Wachstum zu schaffen, ohne sich von quantitativen Wachstumsraten abhängig zu machen? Aus meiner Sicht ist diese Frage offen.

*Eine Wachstumsschwäche haben wir in Deutschland seit den neunziger Jahren. Schon 1994 bis 1998 waren wir beim Wirtschaftswachstum Schlusslicht in Europa. Dann müssen die Weichen ja wohl schon in den 16 Jahren der Ära Kohl falsch gestellt worden sein, oder?*

Die Wachstumsschwäche in Deutschland hat in der Tat langfristige Ursachen. So etwas ist nicht nur auf die letzten vier bis sechs Jahre zurückzuführen. Schon in den achtziger Jahren wurde zu wenig getan.

*Also, auch in der Zeit zwischen 1983 und 1989?*

Ja. Finanzpolitisch hatten wir in diesen acht Jahren viel erreicht und standen 1989 so gut da, dass sich die Finanzierung der deutschen Einheit zunächst ordentlich darstellen ließ. Aber das Langzeitproblem einer sicheren Altersversorgung wurde trotz klarer Analysen über die Konsequenzen einer alternden Bevölkerung schlicht ignoriert. Und zu Anfang der neunziger Jahre hat man auf das Sozialsystem sogar noch draufgesattelt, obwohl die Vereinigung erkennbar gewaltige Ressourcen binden würde. Mitte der neunziger Jahre – Sie erwähnten es – wurde eine kraftvolle Steuerreform versäumt. Helmut Schmidt hat zu Recht gesagt, die

»Agenda 2010« hätte man spätestens 1993/94 verwirklichen müssen.

*Hätte man das Lambsdorff-Papier von 1982 konsequent umgesetzt ...*

... stünden wir heute besser da.

*Sie haben den internationalen Überblick: Welche Länder haben es richtig, haben es besser gemacht als wir?*

Es gibt kein einzelnes Land, das alles richtig oder falsch macht. Jedes Land, jede Kultur hat ihre eigenen Stärken und Schwächen. Wir können von Amerika lernen, dass sich Freiheit auszahlt, weil sie motiviert und schöpferische Kräfte weckt. In Amerika stößt man auch auf einen Grundoptimismus, der dem Einzelnen hilft, sich immer wieder auf neue Situationen einstellen zu können. Trotzdem würde ich davon abraten, die USA zu kopieren.

*Die dortigen sozialen Unterschiede würde unsere Gesellschaft wohl nicht aushalten.*

Wir sollten unser Konzept der sozialen Marktwirtschaft weiterverfolgen, es aber zukunftsfähig machen. Wir können vor allem auch von europäischen Ländern wie Dänemark, Irland, den Niederlanden lernen. Sie haben rascher auf die neuen Herausforderungen reagiert.

*Fällt die Anpassung nicht auch leichter, wenn man noch kein so hohes Wohlstandsniveau erreicht hat?*

Es ist schwerer, einen hohen Wohlstand zu halten, als bis dahin zu kommen. Diese Erfahrung gilt für den Einzelnen wie für Nationen. Doch wir müssen einfach wissen, dass das Ende des Kalten Krieges auch eine globale Entfesselung menschlicher Vitalität und damit eine neue Dimension des Wettbewerbs ausgelöst hat. Beispielhaft hierfür stehen die Entwicklungen in China, in Indien und in den Erweiterungsländern der EU. Darum muss Deutschland, wenn es seinen Wohlstand erhalten will, die Flucht nach vorn antreten.

*Helmut Schmidt hat gesagt, andere europäische Länder, zum Beispiel die Niederlande, seien weiter, weil ihre politischen Eliten besser seien als bei uns.*

Ich schätze Helmut Schmidt sehr, aber ich schließe mich seinem Pessimismus über Deutschland nicht an.

*Ist Deutschland ein Sanierungsfall?*

Wir haben gravierende Wirtschaftsprobleme, und es kommt noch einiges mehr auf uns zu. Deutschland ist aber kein Sanierungsfall in dem Sinne, dass wir bankrott wären und auch niemand mehr wüsste, was zu tun wäre. Es gibt unverändert Grundlagen, auf denen man aufbauen kann.

*Uns droht also nicht die englische Krankheit mit einem Niedergang der öffentlichen Dienstleistungen, sinkendem Wohlstand und einer »Verslumung« innerstädtischer Bezirke?*

Uns droht, wenn wir nicht kraftvoll handeln, eine lange Phase der Stagnation, wie dies zuletzt Japan erlebt hat. Das muss man realistischerweise sagen. Aber wir stehen nicht vor einem unüberwindbaren Problemberg. Die Probleme sind lösbar. Und die Deutschen haben durch den Wiederaufbau nach dem Zweiten Weltkrieg bewiesen, dass sie großen Herausforderungen mit großen Leistungen begegnen können.

*Haben wir in der globalisierten Welt jetzt eigentlich schon das Höchstmaß der Wettbewerbsintensität erreicht?*

Da ist noch einiges mehr im Anrollen. Nicht, weil der Markt kalt und menschenverachtend wäre, sondern weil draußen in der Welt mindestens drei Milliarden Menschen sind, denen es sehr viel schlechter geht als uns. Die sind hungrig auf ein besseres Leben. Sie sind vor allem sehr lernbegierig und fleißig. Doch der neue Wettbewerb entscheidet sich nicht nur auf den Märkten für Produkte und Dienstleistungen. Er entscheidet sich mindestens genauso stark im Vergleich der politischen und gesellschaftlichen Systeme. Und hier haben wir mit unserem Besitzstandsdenken und unserer Funktionärs-Demokratie ein Problem.

*Den Wettbewerb um die niedrigsten Arbeitskosten können wir doch nur verlieren.*

Den sollten wir überhaupt nicht anstreben. Da hätten wir wirklich keine Chance. Wir müssen so schnell wie möglich das ausfüllen, was man Wissensgesellschaft nennt. Das Hauptziel muss sein: Innovationen durch Erhöhung des Wissensanteils in Dienstleistungen und Produkten. Wirtschaft und Gesellschaft müssen vor allem in einen Wettbewerb der Ideen eintreten.

*Es gibt ja nicht nur einen Wettbewerb um die niedrigsten Arbeitskosten, sondern auch einen Wettlauf um die niedrigsten Steuern. Ist das nicht gefährlich, wenn Staaten auf Einnahmen verzichten, die sie eigentlich bräuchten?*

Oberflächlich betrachtet könnte man zu dem Schluss kommen, nur die niedrigsten Steuern brächten uns nach vorne. Ich hielte einen solchen Wettbewerb – isoliert betrachtet – für ziemlich einfallslos und rate davon ab. Es gibt sicherlich einen Wettbewerb der politischen und gesellschaftlichen Systeme. Es ist aber noch nicht entschieden, dass die niedrigsten Steuern oder die niedrigsten Arbeitskosten auf lange Sicht tatsächlich die stärksten Wachstumsraten und den entsprechenden sozialen Frieden bewirken. Letztlich werden jene Länder und Gesellschaften die Nase vorn haben, die sich schnell anpassen, die technologische Spitzenleistungen erbringen, aber auch über Sozialkapital verfügen. Damit meine ich ein Vertrauen in der Gesellschaft, dass Gerechtigkeit und Solidarität nicht auf der Strecke bleiben. Die Länder unterscheiden sich ja auch historisch und kulturell. Darum gibt es für die Frage nach dem richtigen Verhältnis zwischen Staatsanteil und privatem Sektor nicht nur eine Antwort.

*Die deutsche Steuer- und Abgabenquote ist aber doch wohl zu hoch.*

Da kann es keine Zweifel geben. Wir müssen zurückfinden zu einer besseren Balance zwischen kollektivem Solidarsystem und Eigenverantwortung. Aber ich würde nicht einfach der niedrigsten Steuerquote in der Welt nachrennen. Da würden wir uns möglicherweise langfristig nur neue Wachstumshemmnisse aufbauen.

*Unsere Sozialsysteme sind ja nicht nur durch den »Export« von Arbeitsplätzen unter Druck geraten, sondern auch durch die Überalterung der Gesellschaft. Kann die Politik gegen die Überalterung wirklich etwas tun?*

Die dramatische Veränderung der Altersstruktur in unserer Gesellschaft ist ein Megathema, und die Lösung dieses Problems ist eine komplexe Aufgabe. Mit Geld allein ist es jedenfalls nicht getan.

*Wir geben für die Familienförderung mehr aus als andere Länder, ohne dass es sich in der Geburtenrate positiv niederschlagen würde.*

Finanzielle Hilfen für Eltern können nur ein begleitendes Element sein. Wichtig wäre mir eine Diskussion über die Rolle der Familie in der Gesellschaft und das Rollenverständnis von Mann und Frau. Werden Kinder von jungen Ehepaaren vor allem unter materiellen Aspekten gesehen? Sind wir einfallsreich genug, für Frauen Beruf und Kind leichter vereinbar zu machen? Kinder sind per se der Ausdruck von Leben und Zukunft. Aber selbst unabhängig vom Geld entscheiden sich immer weniger Paare für Kinder. Das macht mich nachdenklich. Deutet sich hier eine tiefer sitzende Zukunftsangst der Deutschen an? Hier habe ich noch keine klare Antwort.

*In der niedrigen Geburtenrate schlägt sich auch ein anderes Bewusstsein der Frauen nieder. Viele junge, gut ausgebildete und beruflich erfolgreiche Frauen sagen: Ich habe doch nicht studiert, um Windeln zu wechseln.*

Die Frage berührt das Rollenverständnis von Mann und Frau. Die Vereinbarkeit von Beruf und Kindern muss noch stärker als bisher angegangen werden. Aber sie lässt sich auch regeln. Das ist mit mehr Flexibilität und Organisationsgeschick zu machen. Natürlich soll der Staat den Menschen nicht vorschreiben, wie sie leben sollen. Aber wir müssen schon klären: Was hält denn die Gesellschaft zusammen? Ohne Familien und Kinder hat eine Gesellschaft keine Zukunft. Aber unsere Gesellschaft verhält sich gegenüber Familien und Kindern eher gleichgültig. Da herrscht eine Kultur der Beliebigkeit. Dagegen lässt sich mit ein paar Euro mehr Kindergeld nicht ankommen. Hierüber müssen wir eine grundsätzliche Debatte führen.

*Eine gewisse Gleichstellung der gleichgeschlechtlichen Partnerschaft mit der Ehe ist ja Ausfluss dieser Kultur der Beliebigkeit.*

Die Zeit der Ächtung, ja der Kriminalisierung von Homosexualität ist zum Glück vorbei. Aber ich persönlich halte es nicht für richtig, die Ehe zwischen Mann und Frau einerseits und die gleichgeschlechtliche Partnerschaft andererseits praktisch auf die gleiche Stufe zu stellen.

*Zurück zu den wirtschaftlichen Daten: Noch immer transferieren wir Jahr für Jahr drei bis vier Prozent des Bruttoinlandsprodukts von West nach Ost.*

Das ist sicherlich nicht unproblematisch. Sorge bereitet mir aber vor allen Dingen, dass die Angst der Menschen vor der Zukunft in Ostdeutschland noch stärker ausgeprägt scheint als in Westdeutschland.

*In der DDR gab es 40 Jahre lang keine Arbeitslosigkeit.*

Zumindest keine offizielle. Der Freiheitsbegriff ist bei vielen Ostdeutschen offensichtlich nicht in vollem Umfang angekommen. Er meint nämlich nicht nur die Freiheit, zu reisen, dorthin zu gehen, wo man möchte, was ja etwas Positives ist. Freiheit beinhaltet auch Risiken. Nach 40 Jahren real existierendem DDR-Sozialismus ist es aber offensichtlich schwerer als gedacht, die Menschen mit dieser Form der Freiheit vertraut zu machen.

*Ein Arbeitsloser im Osten, Ende 50 und ohne jede Aussicht auf einen neuen Job, wird Ihnen sagen: »Mir ging es früher besser: Ich hatte Arbeit und eine Aufgabe. Heute komme ich mir überflüssig vor. Was soll ich denn mit der von Ihnen so gepriesenen Freiheit anfangen?« Was antworten Sie da?*

Ich würde sagen: »Ich verstehe Ihre Gefühle. Niemand will überflüssig sein. Aber erinnern Sie sich auch, wie es in der DDR wirklich war und welche Perspektiven Ihre Kinder gehabt hätten. Die Freiheit ist die Zukunft Ihrer Kinder.« Nein, da würde ich mich nicht in der Defensive fühlen.

*Seit 1991 fließen Jahr für Jahr mehr als 80 Milliarden Euro in die neuen Länder. Aber von einem selbsttragenden Aufschwung ist im Osten nichts zu sehen. Die Arbeitslosigkeit liegt bei fast 20 Prozent, und da sind die vielen Arbeitslosen, die vorzeitig in Rente gingen, nicht mitgerechnet. Die Kluft zwischen Ost und West wird nicht kleiner, sondern eher größer. Es hilft ja nicht, jetzt darüber zu sprechen, was alles schief gelaufen ist. Wie sollte, wie müsste der »Aufbau Ost« weitergehen?*

Die neuen Bundesländer brauchen weiterhin die Hilfe des Westens und müssen sich darauf verlassen können. Aber wir sind an einem Punkt angekommen, wo die Wirksamkeit dieser Hilfe ernsthaft überprüft werden muss. Hierzu gibt es ja eine lebhafte Diskussion, die ich begrüße.

*Das heißt?*

Notwendig ist offensichtlich eine stärkere Konzentration der Förderung auf Schwerpunkte. Die neuen Bundesländer brauchen eine stärkere produktive Basis. Aber es geht nicht nur um Geld. Vor Ostern habe ich Markkleeberg in Sachsen besucht und dort mit dem Oberbürgermeister, mit Vertretern des Gemeinderats sowie mittelständischen Unternehmern gesprochen. Unisono wurde mir dabei vermittelt: Wir ersticken in Bürokratie und rechtlichem Absicherungsdenken. Das ist ein generelles Problem in den neuen Bundesländern. Hier sollte jetzt endlich kraftvoll gehandelt werden.

*Der von Ihnen geschätzte Graf Lambsdorff hatte 1990/91 gefordert, alle Steuersätze in den neuen Ländern zu halbieren. So wollte er Investoren anlocken und zudem den Druck zur Anpassung der Löhne verringern. Wäre das nicht eine Lösung gewesen?*

Im Nachhinein muss man sagen, wir hätten das riskieren sollen. Übrigens war auch der damalige Bundesbankvizepräsident Schlesinger dafür.

*Die Ostdeutschen erhalten viel mehr Aufbauhilfe als die Polen, Ungarn oder Tschechen. Aber die wirtschaftliche Dynamik ist in diesen EU-Beitrittsländern viel größer als im Osten unseres Landes. Haben wir vielleicht zu viel geholfen?*

Nicht unbedingt zu viel geholfen. Aber es wurde versäumt, die entsprechenden Spielräume zu schaffen, damit die Menschen Initiativen entwickeln konnten, sei es in der Kommunalverwaltung oder durch Selbständigkeit und Existenzgründungen.

*Die DDR hat bis zum Bau der Mauer darunter gelitten, dass die Tüchtigsten, Cleversten, Wagemutigsten »nach drüben gemacht« haben, wie das damals hieß. Muss uns die Abwanderung aus den neuen Ländern nicht alarmieren?*

Natürlich muss sie das. Alarmierend ist es nicht nur, weil tüchtige Menschen weggehen. Mindestens ebenso schlimm ist, dass dadurch die Überalterung in den neuen Ländern beschleunigt wird. Ich habe das Gefühl, dass wir in Deutschland nicht nur eine Zuwanderungsdebatte führen sollten, sondern auch eine über die Folgen der Abwanderung.

*Haben Sie eine Lösung?*

Auf wichtige Ansatzpunkte habe ich schon hingewiesen. Auch der Vorschlag des sächsischen Ministerpräsidenten Milbradt, über staatliche Lohnkostenzuschüsse mehr Menschen in das offizielle Beschäftigungssystem zu integrieren, sollte ernsthaft geprüft werden. Und natürlich muss man alles daransetzen, die Osterweiterung der EU auch als Chance für die neuen Bundesländer zu nutzen. Generell sollten die Westdeutschen den Ostdeutschen genauer zuhören, auch von ihnen lernen, welche Anpassungsleistung sie seit 1990 vollbracht haben. Auch das kann helfen, die innere, die emotionale Einheit voranzubringen.

*Ist die pauschale Kritik, wonach der »Aufbau Ost« überhaupt nichts gebracht haben soll, letztlich nicht doch überzogen?*

Pauschalkritik ist allemal falsch. Wenn man durch die neuen Länder fährt, sieht man doch, dass viel geschaffen wurde. Enormes wurde geleistet. Aber wahr ist auch, dass nicht alles optimal gelaufen ist. Ich glaube auch, dass wir uns nicht genügend bemüht haben, die Herzen der Menschen im Osten anzusprechen. Nach allem, was die Menschen in den neuen Ländern in den vergangenen fünfzehn Jahren an Veränderungen erlebt und gestaltet haben, könnten sie viel in die aktuelle Reformdiskussion für ganz Deutschland einbringen. Das sollten wir nutzen.

*Aufbau Ost, EU-Erweiterung, Globalisierung – hat die Öffentlichkeit hinreichend realisiert, vor welchen wirtschaftlichen und gesellschaftlichen Herausforderungen wir stehen?*

Ich bin mir nicht sicher, ob die Politik und die Bevölkerung die volle Dimension der Aufgabe bereits realisiert haben. Ich glaube, dass es selbst in der Politik immer noch die Hoffnung gibt, irgendwie werden wir schon aus dem Tunnel herauskommen. Aber dieses »Irgendwie« reicht nicht mehr. Die Welt ist in einem tief greifenden Umbruch. Wer hier den Zug verpasst, bleibt auf dem Bahnsteig stehen.

*Fehlt der politischen Klasse nicht der Mut, den Menschen wirklich reinen Wein einzuschenken?*

Den Eindruck habe ich manchmal. Deshalb können wir bei der »Agenda 2010« auch nicht stehen bleiben. Die öffentlichen Schulden wachsen ja weiter. Gleichzeitig haben wir einen historischen Tiefstand bei den Geburten. Das ist eine explosive Mischung. Es ist aber auch zwingend notwendig, dass die Politik den Menschen das Ziel der Anstrengungen vermitteln kann, dass die Menschen also spüren, ihre Mühen werden sich am Ende für sie ganz persönlich und ihre Kinder lohnen.

*Nun sind Parteien Organisationen zur Erringung und Verteidigung politischer Macht. Verlangt man von ihnen nicht fast zu viel, wenn man von ihnen Programme erwartet, die sie bei der nächsten Wahl die Mehrheit kosten könnten?*

Die Parteien haben ein legitimes Interesse daran, Macht zu gewinnen und Macht zu erhalten. Das gehört zu ihren Funktionen. Am Ende müssen sie aber für das Wohl des Volkes arbeiten. Und wenn Veränderungen unausweichlich sind, ist der politische Mut insbesondere von den regierenden Parteien gefordert, das Notwendige zu tun. Da muss die Regierung über der Partei stehen. Außerdem muss eine Partei nicht zwingend die Macht verlieren, wenn sie den Mut zur notwendigen Veränderung hat. Man sollte die Intelligenz der Wähler nicht unterschätzen. Ich glaube, die Deutschen wissen sehr wohl, dass Veränderungen notwendig sind. Deshalb bin ich optimistisch, dass Deutschland es nicht nur schaffen kann, sondern auch schaffen wird.

*Sie glauben also an die Vernunft?*

Ich glaube an die Vernunft, an die Kraft der Argumente und daran, dass der Mensch mehr ist als nur ein materialistisch eingestelltes Wesen.

*Nun müssen die Deutschen inmitten aller Veränderungen auch noch die Erfahrung machen, dass der Staat ein unseriöser Vertragspartner ist. Dieser ändert etwa bei Renten- und Krankenversicherung permanent das Kleingedruckte – und zwar zum Nachteil der Bürger.*

Hier liegt ein Grund für den Vertrauensverlust gegenüber der Politik und den sozialen Sicherungssystemen. Das müssen sich alle ankreiden lassen, die in Staat und Gesellschaft Verantwortung tragen. Der Sozialstaat ist eine gesellschaftliche Errungenschaft. Aber der Sozialstaat in seiner heutigen Ausprägung hat sich eindeutig übernommen. Im Grunde belügt er die Bürger, weil er das gar nicht garantieren kann, was alles in den Leistungsgesetzen versprochen wird. Es geht also nicht um einen Abriss des Sozialstaats, sondern um seinen notwendigen Umbau. Auf eine Grundabsicherung bei Krankheit, Arbeitslosigkeit oder im Alter muss sich der Bürger unbedingt verlassen können. Soziale Gerechtigkeit darf nicht nur kurzfristig verstanden, sondern muss generationsübergreifend definiert werden.

*Der Staat ist nicht zuverlässig, aber die private Wirtschaft scheint noch unseriöser zu sein. Wer vor zehn Jahren zu einem Anlageberater gegangen ist, hat teilweise sein Vermögen verspielt. Selbst Lebensversicherungen sind nicht mehr so sicher, wie sie jahrzehntelang waren.*

Man sollte das Kind nicht mit dem Bade ausschütten. Manche Lebensversicherungs-Gesellschaft hat schwere unternehmerische Fehler gemacht. Da haben Vorstände die Beiträge der Versicherten – der Herde folgend – am Aktienmarkt angelegt und sind dabei eingebrochen. Das ändert aber nichts daran, dass die Lebensversicherung weiterhin ein vernünftiges Instrument privater Vorsorge ist. Für die Zukunft gilt aus meiner Sicht trotz mancher bitteren Erfahrung: Ein kapitalmarktbasiertes Vorsorgesparen halte ich weiterhin für richtig. Die Riester-Rente war deshalb in ihrer grundsätzlichen Richtung eine beachtliche Reformleistung der Regierung Schröder.

*Aber das Vertrauen der Menschen in die Kapitalmärkte ist noch immer angeschlagen. Wer einen Teil seiner Ersparnisse unter tätiger Mithilfe seiner Bank am »Neuen Markt« verloren hat, der ist für die Parole »Mehr Markt, weniger Staat« nicht zu begeistern.*

Die Menschen wurden manchmal einfach nicht gut genug beraten. Das Grundprinzip, dass die Aussicht auf einen hohen Ertrag immer auch ein Risiko einschließt, muss in der Beratung deutlicher angesprochen werden. Schon in den Schulen sollte erklärt werden, dass man mit einem größeren Risiko mehr erreichen, aber auch mehr verlieren kann.

*Die ordnungspolitische Kernfrage lautet doch: Was muss der Staat konkret regeln? Wie viel Staat ist nötig?*

Wichtig ist, dass die klassischen Staatsfunktionen gewährleistet sind: innere und äußere Sicherheit, Recht, Bildung. Darüber hinaus sollte der Staat den Menschen eine Grundsicherung geben für den Fall von Krankheit, Arbeitslosigkeit und im Alter. Das kann keine Garantie für ein bequemes Leben sein, aber eine Basis, auf der jeder Einzelne aufbauen kann. Deshalb glaube ich auch nicht, dass zum Beispiel die Zukunft der privaten Altersvorsorge in einem System liegt, das vollständig auf dem Kapitalmarkt basiert. Das wäre zu riskant. Auf die gute Mischung aus kollektivem Absicherungssystem, privater Vorsorge und Unternehmensbeitrag kommt es an.

*Tun wir bei der Sicherung des Existenzminimums zu viel? Ist die Sozialhilfe zu großzügig?*

Es geht vor allem um den angemessenen Abstand zwischen Erwerbseinkommen und Sozialhilfeniveau. Es muss die Regel gelten, dass sich Erwerbstätigkeit besser stellt als Sozialhilfe. Sozialhilfe darf kein Anreiz sein, keiner regulären Arbeit nachzugehen.

*Sollten arbeitsfähige Sozialhilfeempfänger dem Staat für Arbeitsleistungen zur Verfügung stehen?*

Ja, das darf kein Tabu sein. Aber das sollte die einzelne Kommune regeln, nicht irgendeine zentrale Behörde.

*Unser Rentensystem leidet darunter, dass Eltern mit vielen Kindern, also vielen künftigen Beitragszahlern, nicht nennenswert besser gestellt werden als Menschen ohne Kinder. Müssten wir das nicht ändern?*

»Kinder in Deutschland« muss ein zentrales Zukunftsthema sein, also auch im Rentensystem.

*Dieses Land vergreist. Bereitet Ihnen das Sorge?*

Große sogar. Ich wiederhole mich jetzt, aber es ist halt so: Kinder bedeuten Leben und Zukunft. Das ist das eine. Wir müssen aber auch begreifen, dass die Alten etwas anzubieten haben: persönliche und geschichtliche Erfahrung, sie haben sozusagen »Humankapital« angesammelt. Das von einem Tag auf den anderen, dem Stichtag der gesetzlichen Rentenversicherung, nicht mehr zu nutzen ist eine Vergeudung wertvoller menschlicher Ressourcen. Einige Gesellschaften wie zum Beispiel die amerikanische haben das schon erkannt. Dort sind zum Beispiel Spitzenmanager, die bereits älter als 70 sind, keine Seltenheit. Die Jungen sollten also die Alten nicht abzuschieben versuchen. Die Älteren sollten sich wiederum nicht nur auf die Rente freuen, sondern auch Freude daran entwickeln, sich weiter am gesellschaftlichen und am wirtschaftlichen Leben beteiligen zu können. Die Veränderung der quantitativen Proportionen von Alt zu Jung sollte also eine produktive Zusammenarbeit der Generationen fördern.

*Die jungen Leute müssen aber befürchten, dass sich die Politiker immer nach der großen Zahl richten, also nach den Älteren. Das führt dazu, dass die Fragen der Zukunft auf der politischen Tagesordnung eher unten rangieren. Vielleicht bekommen wir eines Tages eine Rentnerpartei, die entsprechenden Druck macht.*

Das ist nicht auszuschließen. Deshalb sollen die Jungen ruhig jetzt aufschreien. Staatsverschuldung, Steuern, Altersvorsorge – da müssen sie deutlich sagen, dass sie, wenn sich nichts ändert, in vielleicht 20 Jahren keinerlei Spielraum mehr haben. Wenn sie gleichzeitig nicht vergessen, dass die heutige Rentnergeneration unendlich hart für den Aufbau unseres Landes gearbeitet hat, dann werden sie auch Gehör finden.

*Die Jungen sind auf alle Fälle die Verlierer. Sie müssen die jetzigen Systeme finanzieren und gleichzeitig noch Vorsorge für sich treffen. Und sie werden im Alter viel weniger bekommen als ihre Eltern. Sollte man da nicht besser auswandern?*

Aber wohin denn? Mit den demografischen Problemen haben auch viele andere Industrieländer zu kämpfen.

*Könnte die Zuwanderung eine Lösung des Rentenproblems sein?*

Das scheint mir in erster Linie eine theoretische Überlegung zu sein. Nach 50 Jahren Erfahrung mit Zuwanderung wissen wir, dass Integration ein äußerst komplexer Prozess ist, mit eher ernüchternden Ergebnissen. Unterschiedliche kulturelle Wurzeln reichen sehr tief. Ich bin also gegenüber einer solchen Lösung skeptisch. In jedem Fall wäre Zuwanderung als Instrument für die Lösung der Rentenprobleme ein riskanter Ansatz.

*Und eine verstärkte Berufstätigkeit der Frauen? Könnte das unsere Rentenproblematik entschärfen?*

Das hängt natürlich von individuellen Entscheidungen ab, ist aber ein möglicher Beitrag. Er setzt voraus, dass man die Kinderbetreuung besser organisiert. Da ist in Deutschland noch eine Menge möglich. Da ändert sich auch bereits vieles, und es entwickeln sich neue Dienstleistungsangebote, die den Frauen die Verbindung von Beruf und Familie erleichtern. Und die Rollen von Mann und Frau werden sich verändern.

*Ist es aber nicht unverändert so, dass in Deutschland vor allem solche Männer über die neue Rolle der Frau reden, die nach dem alten Rollenverständnis leben?*

(Lacht.) Da ist leider etwas dran.

*Kommen wir von dem Verhältnis zwischen Männern und Frauen zu einer anderen komplexen Beziehung: zum Verhältnis zwischen Arbeitgebern und Arbeitnehmern. Kann und darf das Tarifkartell Bestand haben?*

Der deutsche Korporatismus ist sicherlich mitverantwortlich dafür, dass viele Veränderungen bei uns so lange dauern. Aber ich gebe die Hoffnung nicht auf, dass sich auch die Gewerkschaften und die Wirtschaftsverbände Einsichten in die moderne Arbeitswelt nicht verschließen. Ich könnte mir durchaus vorstellen, dass die Gewerkschaften das Dienstleistungsangebot für ihre Mitglieder ausweiten, ihnen zum Beispiel helfen, Mobilität und Flexibilität besser zu verkraften.

*Und was ist mit dem Tarifkartell, das Löhne festlegt und die Folgen zu hoher Löhne, also Arbeitslosigkeit, auf die Bundesagentur für Arbeit abschiebt, also auf die Allgemeinheit? Was sollte aus dem werden?*

Das Grundgesetz, das Tarifautonomie garantiert, würde ich nicht ändern. Aber es ist klar, dass mehr Flexibilität auf Betriebsebene helfen kann, Arbeitsplätze zu erhalten. Und in der Praxis tut sich hier ja auch schon einiges. Es geht nur um die Frage, ob man das schleichend und langsam sich entwickeln lässt oder ob man eine offene und transparente politische Initiative ergreift. Ich bin eigentlich für das Zweite, weil das schneller Bewegung in den Arbeitsmarkt bringen wird. Wenn der Arbeitgeber den Beschäftigten vermittelt, dass er ihre Interessen ernst nimmt, kann er eine enorme Produktivität mobilisieren.

*Gewerkschaften wie Arbeitgeberverbände haben mit Mitgliederschwund zu kämpfen.*

Das ist zweifellos so. Das hat meiner Meinung nach aber nichts damit zu tun, dass die Gewerkschafts-Idee an sich obsolet geworden wäre. Aber viele Arbeitnehmer können aus der Sicht ihres Betriebes die Politik der Gewerkschaft manchmal nicht verstehen. Und bei den Unternehmen ist das ähnlich. Auch da gibt es Verbandsflucht, weil sich viele Unternehmen von ihren Verbänden nicht vorschreiben lassen wollen, was für sie gut ist.

*Haben Sie eine Vision, wie Deutschland im Jahr 2020 aussehen sollte?*

Ich wünschte mir, die innere Einheit Deutschlands ist vollendet und ein deutscher Politiker Präsident der Europäischen Union. Wir haben den Sozialstaat erfolgreich umgebaut, und die Bürger akzeptieren die eigene Verantwortung. Nach Reformen in Bildung und Wissenschaft nehmen wir wieder einen Spitzenplatz bei den Nobelpreisen ein. Das Land ist friedlich und weltoffen, es hat Einfluss in der Welt und ist beispielhaft in seiner Entwicklungspolitik. Das Land ist neue Wege gegangen, es ist zuversichtlich. Die Zahl der Geburten steigt, die Wirtschaft wächst. Und die Deutschen sind stolz darauf, dass sie ihre Probleme in einer gemeinschaftlichen Anstrengung gemeistert haben.

# 6
# Deutschlands Rolle in der Welt

»Eine globale Welt braucht ein Weltethos«

*Vor 15 Jahren ist der »Eiserne Vorhang« gefallen. Ist die Welt seitdem wirklich sicher geworden, wie wir das alle erhofft hatten?*

Ich bin weiterhin froh, dass der »Eiserne Vorhang« gefallen ist. Dies hat uns die Wiedervereinigung Deutschlands gebracht und weltweit Demokratie und Marktwirtschaft als Ordnungsprinzipien zum Durchbruch verholfen. Wir beobachten vor allem deshalb auch eine neue Welle der Globalisierung. Doch der Fall des »Eisernen Vorhangs« hat natürlich kein »Ende der Geschichte« gebracht, wie das der amerikanische Politologe Francis Fukuyama voreilig konstatierte. Die Geschichte geht weiter. Und mit der Bedrohung durch Terrorismus haben wir sicherlich ein neues Megaproblem, das sich zu anderen ungelösten Problemen gesellt: Armut, Krankheiten, Umwelt. Wir stehen also vor anderen Herausforderungen als vor 1989, aber wir bleiben herausgefordert. Optimistisch macht mich, dass der Freiheitsbegriff jetzt fast allen Menschen zugänglich ist.

*Früher gab es ein Gleichgewicht des Schreckens, das große Kriege verhinderte. Heute haben wir offene ethnische Konflikte und die Bedrohung durch den internationalen Terror.*

*Der Fortschritt hält sich also in Grenzen, oder sehen Sie das anders?*

Das so genannte Gleichgewicht des Schreckens hätte wahrscheinlich am Ende doch irgendwann im katastrophalen Schrecken geendet. Das Sozialismusmodell des früheren Ostblocks war im Grunde menschenverachtend. Vergessen wir Tschernobyl nicht. Früher oder später wäre irgendwo im Ostblock ein weiteres Kernkraftwerk in die Luft gegangen, weil öffentliche Kontrolle und Rechenschaftspflicht in diesen Ländern nicht funktionierten. Auch repräsentative Demokratien und Marktwirtschaften sind nicht frei von Fehlern oder Fehlentwicklungen. Aber sie sind zu schneller Korrektur in der Lage. Weltweit gibt es heute mehr »checks and balances« durch die Globalisierung von Öffentlichkeit. Dies betrachte ich als großen Fortschritt.

*Aber anstatt die neuen Möglichkeiten der Freiheit zu nutzen, graben zum Beispiel die Völker im ehemaligen Jugoslawien ihre mittelalterlichen Fehden wieder aus.*

So bitter es auch ist: Die neue Freiheit hat zum Teil auch alte Probleme wieder an die Oberfläche gebracht, vor allem auch ethnische Spannungen. Uralte Konflikte, die vorher übertüncht worden waren, brachen plötzlich wieder auf. Vielleicht hätte man das verhindern oder zumindest moderieren können, wenn es eine Vision für eine neue Weltordnung gegeben hätte. Die war aber nicht vorhanden. Das heißt aber nicht, dass wir jetzt in einer schlechteren Welt leben. Eine Antwort auf die neuen Konflikte sollte darin bestehen, die Verschiedenartigkeit der Kulturen und Religionen anzuerkennen und zu respektieren. Und die Vereinten

Nationen müssen sich verstärkt mit der Krisenprävention befassen.

*Ist der Ost-West-Konflikt nicht durch den Kampf der Kulturen abgelöst worden?*

Den Kampf der Kulturen oder, besser, Konflikte zwischen den Kulturen gab es schon immer. Nur sind sie teilweise gewaltsam unterdrückt oder dem Ost-West-Konflikt untergeordnet worden. Ich bin überzeugt, die ethnischen Konflikte, die wir heute beobachten, hätten weitergeschwelt, wenn der Ostblock nicht zusammengebrochen wäre. Einen »clash of civilizations« in der neuen Globalisierung, wie von Samuel Huntington prognostiziert, halte ich für vermeidbar.

*Braucht diese neue globale Welt gemeinsame Regeln oder gar eine globale ethische Grundlage?*

Diese neue Welt der Interdependenz, um ein anderes Wort für Globalisierung zu verwenden, braucht politische Gestaltung und Regeln. Da stimme ich Johannes Rau ausdrücklich zu. Schon als Direktor des IWF hatte ich hierzu einige Grundgedanken formuliert. Erstens: Die wachsende Interdependenz verlangt als Minimum, dass jedes Land die Folgen seines Handelns für andere besser berücksichtigt. Zweitens: Multilaterale Lösungen werden nur funktionieren, wenn sie nationale Eigenverantwortung nicht unterhöhlen. Eigenverantwortung bedeutet auch das Recht auf Eigenart. Drittens: Wir brauchen einen weltumspannenden Ordnungsrahmen für die Globalisierung, mit anerkannten Regeln und effektiven multilateralen Institutionen. Dieser Rahmen muss auch dafür sorgen, dass globale öffentliche Güter wie internationale Finanzstabilität, saubere Umwelt und die Gewährleistung freien Handels definiert und bereitgestellt werden, auch wenn dies einen teilweisen Souveränitätsverzicht für Nationalstaaten mit sich bringt. Viertens: Wir müssen die Bekämpfung der Armut als Herausforderung für uns alle verstehen. Nur so können wir Frieden und Wohlstand bei uns sichern und erreichen, dass der internationale Terrorismus keinen Nährboden hat. Fünftens: Im Prozess der Globalisierung müssen wir die Vielfalt der Kulturen respektieren und die Schöpfung in ihrer Vielfalt bewahren.

*Aber reicht das ohne eine ethische Grundlage?*

Eindeutig nein. Wir brauchen ethische Grundsätze, die von allen Menschen auf diesem Planeten akzeptiert werden. Ohne ein solches Weltethos werden wir die Welt nicht zusammenhalten können. Damit meine ich keine neue Weltideologie, sondern einen universalen Konsens über Grundwerte. Und ein Dialog zwischen den Religionen ist notwendig, um den Frieden zu erhalten. Es gibt genug Gemeinsamkeiten zwischen den großen Weltreligionen – Christentum, Judentum, Islam, Buddhismus, Hinduismus –, um sich auf Normen eines ethischen Grundverhaltens verständigen zu können. Das Gebot »Du sollst nicht stehlen« gilt beispielsweise in allen Weltreligionen. Dieselbe universelle Gültigkeit hat Kants »kategorischer Imperativ«, volkstümlich formuliert: »Was du nicht willst, das man dir tu, das füg auch keinem andern zu.« Auf der Grundlage solcher universalen Grundsätze halte ich die Formulierung eines Weltethos für möglich.

*Apropos Moral. Sind Importbeschränkungen nicht eine Art von Diebstahl?*

Mit Einfuhrschranken und Zöllen nehmen wir den armen Ländern die Chance, sich selbst zu helfen. Das empfinde ich als ein Kardinalproblem, auch im Hinblick auf die Glaubwürdigkeit unserer Politik gegenüber den Schwellen- und Entwicklungsländern. Wir werben für die Prinzipien von Marktwirtschaft und Demokratie. Wenn es aber ans Eingemachte geht, an Besitzstände, da arbeiten wir plötzlich mit Doppelstandards. Ich habe beim IWF gelernt, ja lernen müssen, dass das einer der wichtigsten Gründe dafür ist, dass viele Entwicklungsländer uns für nicht glaubwürdig halten. Wir müssen daran arbeiten, dies zu ändern.

*Wir sind doch meilenweit entfernt von dem von Ihnen geforderten ethischen Grundverhalten. Viele Manager aus den Industrieländern kennen nicht die geringsten Skrupel, dort Fabriken zu errichten, wo Menschen ausgebeutet werden, wo es noch Kinderarbeit gibt. Solange die Arbeitskraft billig und willig ist, scheint westlichen Managern jeder Standort recht zu sein.*

Ausbeuterische Kinderarbeit darf es nicht geben. Glücklicherweise gibt es aber auch neue Entwicklungen, die Hoffnung machen. Große amerikanische Pensionsfonds orientieren ihr Stimmverhalten auf den Hauptversammlungen multinationaler Unternehmen zunehmend auch daran, unter welchen Bedingungen produziert wird, wie die Arbeiter in Entwicklungsländern behandelt werden oder ob auf die Umwelt Rücksicht genommen wird.

*Der Ökonom Köhler hätte also nichts dagegen, wenn Anleger ihre Anlageentscheidungen auch unter ethischen Gesichtspunkten träfen, wenn Konsumenten bestimmte Produkte boykottierten, weil Menschen bei ihrer Herstellung ausgebeutet werden?*

Im Gegenteil. Ich würde Anleger sogar ausdrücklich dazu ermuntern. Tatsächlich entwickelt sich mehr und mehr ein Bewusstsein dafür, dass die Ausbeutung von Mensch und Umwelt nicht im langfristigen Interesse eines Unternehmens sein kann – und damit auch nicht im Interesse seiner Aktionäre. Und immer mehr Menschen erkennen, dass Armut und extreme Einkommensunterschiede eine ständige Quelle für politische Instabilität und Nährboden für Terrorismus sein können. Hier bewegt sich etwas. Da bin und bleibe ich Optimist.

*Für wie realistisch halten Sie Forderungen nach weltweiten Mindeststandards bei Arbeitszeiten, Arbeitsbedingungen und Entlohnung?*

Langfristig muss das kommen, und das wird auch kommen.

*Sie haben einmal gesagt: »Globalisierung verlangt internationale Solidarität.« Was leistet Deutschland, was müssten wir eigentlich leisten? Bei der Entwicklungshilfe sind wir ja über 0,25 Prozent des Sozialprodukts nie hinausgekommen.*

Deutschland leistet beispielsweise in Afghanistan sehr viel. Wir haben insgesamt keinen schlechten Ruf, was die Entwicklungshilfe und die technisch-organisatorische Zusammenarbeit in diesem Bereich angeht. Aber unsere offizielle

Finanzhilfe für Entwicklungsländer liegt unter dem von den Vereinten Nationen angestrebten Wert von 0,7 Prozent des Sozialprodukts. Wir müssen uns diesem Ziel annähern, um einen glaubwürdigen Beitrag zur Erreichung der von den Vereinten Nationen gesetzten Entwicklungsziele zu leisten.

*Außenpolitik ist immer auch Interessenpolitik. Was aber sind die deutschen Interessen?*

Wir sollten in Europa als guter Nachbar gesehen werden, weder überheblich noch mutlos, aber auch als ein Nachbar, von dem man etwas erwarten kann. Wenn Deutschland als wirtschaftliches Gravitationszentrum in der Mitte Europas ausfallen sollte, würde das unter Umständen gefährliche Kräfte auslösen. Das kann nicht in unserem ureigenen Interesse sein. Darum müssen wir ein leistungsstarker Partner sein. Das erwarten gerade unsere kleineren Nachbarn von uns. Außerdem sind wir ein Exportland. Darum müssen wir weltoffen bleiben und eine Stimme für glaubhafte Armutsbekämpfung werden. Wir sollten offensiver für eine bessere Globalisierung eintreten. Schließlich müssen wir auf der Seite derjenigen stehen, die den Frieden in der Welt stärken. Wir müssen ein anerkannter Partner innerhalb der Vereinten Nationen bleiben und auf Multilateralismus setzen.

*Also, nicht den amerikanischen Unilateralismus unterstützen?*

Damit wir uns nicht missverstehen: Ich betrachte Amerika als den Hort der Freiheit. Wenn auch die USA offenkundig Fehler machen und übersehen, dass die letzte verbliebene Supermacht nicht alles allein schaffen kann, sollten wir uns als Freund in der Not bewähren. Deshalb sollten wir ein enger Partner der USA bleiben – selbstbewusst, kritisch, aber auch treu.

*Sollte Deutschland nicht einen ständigen Sitz im UN-Sicherheitsrat bekommen?*

Das Thema kann nicht tabu sein. Wichtiger wäre mir aber, dass Europa sich stärker mit einer Stimme artikuliert – am besten mit einer Stimme im Sicherheitsrat. Insofern ist die Frage nach dem deutschen Sitz eher eine rückwärts gewandte.

*Verteidigungsminister Struck hat gesagt, Deutschland werde am Hindukusch verteidigt.*

Da ist was dran, weil Terrorismus keine Landesgrenzen kennt. Aber das lässt sich nur in der internationalen Gemeinschaft regeln. Wir können uns allein gar nicht am Hindukusch verteidigen – ohne die enge Zusammenarbeit mit unseren Partnern und insbesondere mit den USA.

*Haben wir in der Vergangenheit unsere Interessen immer deutlich genug vertreten? Oder wollten wir nicht doch in erster Linie ein guter Nachbar sein?*

Uns ist es in der alten Bundesrepublik nach 1945 alles in allem gut gegangen. Das wäre nicht der Fall, wenn wir unsere Interessen nicht auch gut vertreten hätten. Ein guter Nachbar zu sein und gleichzeitig seine Interessen gut zu vertreten, das ist für mich kein Gegensatz. Das bedingt sich in der globalisierten Welt sogar.

*Inwieweit belastet uns unsere Vergangenheit? Sind wir völlig frei und handlungsfähig – zum Beispiel gegenüber Israel?*

Auch in diesem Bereich heißt Freiheit nicht Bindungslosigkeit. Wir können und wollen natürlich die Geschichte vor 1945 nicht ausblenden. Unsere Geschichte hat zweifellos Einfluss darauf, wie wir selbst denken und wie andere uns sehen. Das ist so, und das bleibt so. Ich denke aber, dass andere Länder auch die vergangenen 60 Jahre sehen und anerkennen. Deshalb möchte ich mich auch dafür einsetzen, dass wir eine Diskussion darüber führen, was unser Begriff von Deutschland ist. Was sind unsere Wurzeln? Wer sind wir, und wohin wollen wir gehen?

*Was bedeutet unsere Geschichte für unser Verhältnis zu Israel?*

Dass unsere Beziehungen zu Israel immer besondere sein werden. Das bedeutet aber auch, dass wir mithelfen sollten, Israels Existenzrecht zu sichern. Es bedeutet nicht, dass wir alles, was Israel tut, gutheißen müssen.

*Wir sind in unserer Kritik an der israelischen Politik, zum Beispiel gegenüber den Palästinensern, demnach nicht eingeschränkt?*

Die richtige Tonlage spielt schon eine Rolle. Aber manchmal kann Kritik auch hilfreich sein. Und dann sollten wir sie auch gegenüber Israel äußern.

*Sie sagten vorhin, wir sollten uns auf unsere Wurzeln besinnen. Wer sind wir denn? Was macht Deutschland aus?*

Da ist zunächst unsere Geschichte. Das ist mehr als die erste Hälfte des 20. Jahrhunderts. Wir haben aber auch gezeigt, dass ein Volk nach einer schrecklichen Irrfahrt wieder zurückfinden kann zu europäischer Geistesverfassung und Demokratie. Das sollte uns durchaus mit Stolz erfüllen. Zu unserer Vergangenheit gehört auch, was Deutsche in der Musik, in der Literatur und in der Wissenschaft geleistet haben.

*Ich hätte erwartet, dass Sie an dieser Stelle auch auf unsere wirtschaftlichen Erfolge und die noch vorhandenen Stärken hinweisen.*

Deutschland hat in der Tat nach dem Ende des Zweiten Weltkrieges eine fabelhafte Aufbauleistung vollbracht. Wir sollten uns dabei nicht zuletzt an den beispiellosen Einsatz der »Trümmerfrauen« erinnern. Deutschlands Wirtschaftserfolg war umso bemerkenswerter, weil er zugleich dem sozialen Ausgleich verpflichtet war. Das Konzept der sozialen Marktwirtschaft ist auch heute noch zukunftsweisend. Der Erfolg der sozialen Marktwirtschaft hat ganz wesentlich zur Akzeptanz der Bundesrepublik in Europa und der Welt beigetragen.

*Sprechen wir über Europa. Deutschland hat immer eine Doppelrolle eingenommen: Wir waren zusammen mit Frankreich Motor der europäischen Integration und zugleich ein wichtiger Pfeiler der transatlantischen Beziehungen. Heute ist Europa zerstritten. Muss Deutschland sich demnach entscheiden zwischen Europa und den USA?*

Wir müssen aktiv daran mitarbeiten, Europas Platz in der Welt zu sichern, mit einer eigenen Identität und mit Selbstbewusstsein. Aufgrund unserer gemeinsamen Wertebasis sollte sich Europa aber immer als Partner und nicht als Antipode zu Amerika sehen. Denn ohne die USA können Sie keine konsensuale Weltordnung auf der Grundlage der Freiheit aufbauen. Schon deshalb spricht alles dafür, dass wir auch bilateral eine gute, intensive Freundschaft mit Amerika pflegen.

*Wir brauchen Amerika auch aus militärischen Gründen. Europa war im Kosovo nicht in der Lage, nach eigenen Vorgaben für Ordnung zu sorgen.*

Das betrachte ich als Armutszeugnis für Europa und als Aufforderung, in der gemeinsamen Sicherheits- und Außenpolitik voranzukommen. Das geht aber nicht von heute auf morgen, das muss man ganz realistisch sehen. Die relative militärische Schwäche Europas ist neben der gemeinsamen Wertebasis ein weiterer Grund, sich nicht von Amerika abzugrenzen.

*Nicht nur Europa hat sich verändert, auch die Amerikaner betreiben eine andere Politik. Neigen die USA als einzig verbliebene Supermacht nicht sehr deutlich zum Unilateralismus?*

Die Gefahr gibt es, und das ist nicht neu. Die Amerikaner haben immer zwischen Unilateralismus – früher sagte man Imperialismus – und Multilateralismus geschwankt. Unter Präsident George W. Bush ist sicherlich wieder ein Stück Unilateralismus in den Vordergrund gerückt. Die Stellung als einzige verbliebene Supermacht, als einzigartige Macht, hat dem einen oder anderen amerikanischen Politiker möglicherweise den Blick darauf verstellt, dass auch Amerika Partner braucht. Amerika macht offensichtlich auch Fehler. Aber das Land ist in seiner demokratischen Geschichte immer wieder zu Selbstkorrekturen fähig gewesen. Die USA würden sich politisch und ökonomisch übernehmen, wenn sie glaubten, die internationale Gemeinschaft ignorieren zu können. Das ist eine glückliche Folge der Globalisierung: Nicht einmal die Supermacht schlechthin kann gegen den Rest der Welt für sich allein ihr Glück gewinnen. Übrigens: In zehn, spätestens zwanzig Jahren wird niemand mehr daran zweifeln, dass China und Indien Mächte sind, mit denen man rechnen und reden muss. Auch deshalb sind die Amerikaner gut beraten, jetzt Freunde zu akzeptieren, die mit ihnen zwar offen und gegebenenfalls kritisch reden, von denen sie aber wissen, dass es Freunde sind. Deutschland sollte zu diesen Freunden gehören.

*Vor und während des Irak-Kriegs war aber nicht mehr zu erkennen, dass Deutschland und die USA Freunde sind.*

Ich glaube, da sind von beiden Seiten Fehler gemacht worden. Ich möchte die damaligen Positionen aber nicht nachträglich bewerten.

*Bis heute sind im Irak keine Massenvernichtungswaffen gefunden worden. Bedrückt Sie das?*

Es macht mich nicht froh, weil das die Frage nach der Rechtfertigung des Krieges betrifft. Wir sollten aber auch sehen, dass Saddam Hussein trotz mehrfacher UN-Resolutionen nicht bereit war, mit den Waffeninspektoren in vollem Umfang zu kooperieren.

*Man kann natürlich auf 17 missachtete UN-Resolutionen hinweisen und die Auffassung vertreten, dass UN-Beschlüsse wertlos sind, wenn bei Nichtbefolgung die angedrohten »serious consequences«, also militärische Folgen, ausbleiben.*

Ich war seit dem Irak-Krieg mehrfach im Nahen Osten. Dort ist man ganz überwiegend froh, dass der Tyrann Saddam Hussein weg ist. Daran gibt es überhaupt keinen Zweifel. Aber aus Gründen der völkerrechtlichen Legitimität bleiben für die Zukunft offene Fragen.

*Die Deutschen, die im Irak-Krieg explizit und entschieden auf der amerikanischen Seite standen, wie zum Beispiel Angela Merkel, sagen: Wer 17 Resolutionen verabschiedet und dann nicht handelt, macht sich lächerlich. Nach dieser Lesart haben die Vereinten Nationen sich selbst geschwächt.*

Auch sie haben nicht immer eine gute Figur gemacht. Jetzt kommt es darauf an, die vergangenen Erfahrungen als Chance für eine Stärkung der Vereinten Nationen zu nutzen.

*Hat der amerikanische Präsident die Welt bewusst getäuscht?*

Ich sehe das nicht so. Man kann zu Bush stehen, wie man will. Nach meinem Eindruck hat er durchaus richtige Ziele vor Augen, nämlich der Freiheit und den Menschenrechten in der ganzen Welt Geltung zu verschaffen. Leider war er in der operativen Umsetzung dieser Ziele nicht immer gut beraten. Aber ich billige Bush ausdrücklich zu, dass er ein Verständnis von Amerika hat …

*... in Bushs Worten ist Amerika »Gottes Geschenk an die Welt« ...*

… das wertorientiert ist. Wobei ich diese spezifische Formulierung für wenig glücklich halte. Präsident Bush verfolgt nach meinem Eindruck durchaus gute Ziele, auch wenn sein Vorgehen ernste Fragen aufwirft und mit großen Schwierigkeiten für die Partner Amerikas verbunden ist.

*Kennen Sie ihn persönlich?*

Wir haben insgesamt zweimal miteinander geredet, einmal beim Weltwirtschaftsgipfel in Evian und dann anlässlich des Amerika-Gipfels in Mexiko Anfang 2004.

*Im Irak hat er einen Präventivkrieg geführt. Halten Sie Präventivkriege ethisch für vertretbar?*

Ich denke, dass die Amerikaner die Idee des Präventivkrieges nach diesem Krieg im Irak überprüfen werden. Präventivkriege können überhaupt nur auf der Basis einer Beschlussfassung der Vereinten Nationen in Betracht kommen. Denn eines steht auch fest: Völkerrechtlich muss die Welt noch geeignete Antworten auf die neuen Formen der Bedrohung unserer Zeit finden. Die Amerikaner haben in der Geschichte bewiesen, dass sie immer wieder die Führung zum Nutzen der ganzen Welt übernahmen. Und die Welt braucht Führung. Aber diese Führung muss eingebettet sein in einen universalen Wertekonsens und multilaterale Zusammenarbeit. Darin bestehen die Schwierigkeiten im Irak-Konflikt, und daraus sollten wir alle lernen.

*Zwischen den USA und Europa besteht militärisch eine riesige »power gap«, ein enormer Vorsprung der USA.*

Das ist in der Tat so, übrigens auch mit Nachteilen für die Europäer im ökonomischen und technologischen Wettbewerb.

*Können die Europäer überhaupt ein stabiler, leistungsfähiger europäischer Pfeiler der Nato sein?*

Das Problem der Europäer ist nicht nur, dass sie mit zu vielen Stimmen sprechen. Sie haben objektive Schwierigkeiten, die militärischen Kapazitäten bereitzustellen, die angesichts ihrer Größe und Wirtschaftskraft von ihnen erwartet werden könnten. Da ist es für die Amerikaner möglicherweise eine Versuchung, ihren Vorsprung für eine Art präventive Vorwärtsstrategie zu nutzen. Aber am Ende muss auch die Nummer eins in der Nato mit den anderen vertrauensvoll zusammenarbeiten, anstatt Befürchtungen zu nähren, notfalls auch ohne die Nato zu handeln.

*Die Sicherheitspartnerschaft zwischen den Vereinigten Staaten und Europa ist wegen der unterschiedlichen Potenziale sehr einseitig.*

Einerseits ja. Andererseits ist Europa aber ein kalkulierbarer Partner mit stabilen Demokratien. Dieser Faktor ist am Ende wichtiger als der rein rüstungstechnische. Denn der kann aufgearbeitet werden. Dafür geschieht in Europa noch zu wenig.

*Welche Rolle sehen Sie künftig noch für die Vereinten Nationen? Sie sind doch durch den Irak-Krieg geschwächt worden.*

Das kann sich jetzt vielleicht ins Gegenteil umkehren. Und ich hoffe sehr, dass sich die internationale Staatengemeinschaft jetzt unter der Führung der Vereinten Nationen auf einen Friedens- und Aufbauplan für den Irak einigt. Deutschland sollte daran aktiv mitwirken. Und ich hoffe auch, dass aus der Erfahrung, dass Alleingänge letztlich nicht produktiv sind, eine Stärkung der Vereinten Nationen erwächst. Die Vereinten Nationen müssen allerdings auch an bestimmten Defiziten arbeiten. Zur operativen Friedenssicherung sind sie kaum in der Lage. Da müssen wir noch intensiv über die künftige Rolle der UN nachdenken. Wenn die sich überheben, ist auch niemandem gedient.

*Kommen wir zur gerade auf 25 Staaten erweiterten Europäischen Union. Was ist diese EU der 25 eigentlich: eine Wertegemeinschaft oder ein wirtschaftspolitisches Zweckbündnis?*

Mit der Osterweiterung geht die Vereinigung Europas weiter. Das sehe ich sehr positiv. Mit Polen, Tschechien und der Slowakei kommen Länder Zentraleuropas in die Europäische Union. Ein wirtschaftspolitisches Zweckbündnis wäre mir eindeutig zu wenig für Europa. Ich hoffe sehr, dass mit der Erweiterung die Diskussion über eine EU-Verfassung zügig abgeschlossen werden kann. Die Beitrittsländer werden bestimmte Elemente des Denkens, des Fühlens, auch der Ängste einbringen, die zum Teil noch aus ihrer Vergangenheit unter dem Kommunismus herrühren. Ich hoffe aber, dass sich im Zuge ihrer vollen Integration die Wertegemeinschaft herausbildet, die wir für eine echte politische Union brauchen.

*Schließen sich eine gleichzeitige Erweiterung und Vertiefung der EU nicht aus?*

Die Aufnahme von zehn neuen Mitgliedsländern sollte die Reform der EU-Institutionen jetzt beschleunigen. Der wichtigste nächste Schritt ist die EU-Verfassung.

*Was halten Sie von der Idee eines »Europa der zwei Geschwindigkeiten«?*

Die Konvergenzkriterien des Maastrichter Vertrages institutionalisierten diesen Ansatz bereits. Die Frage ist, wie man unterschiedliche Geschwindigkeiten institutionell und politisch handhabt. Wenn aus unterschiedlichen Geschwindigkeiten der Eindruck einer Diskriminierung, von Europäern erster und zweiter Klasse, entsteht, wird das zum Sprengsatz. Wenn es sich aber um einen Prozess handelt, bei dem diejenigen, die mehr tun wollen, es tun, ohne andere vor den Kopf zu stoßen, kann man damit die notwendige Dynamik sicherstellen. Veränderung braucht auch Führung, und es darf nicht der Langsamste im Geleitzug das Tempo bestimmen.

*Die Einführung des Euro war ja ein gutes Beispiel für unterschiedliche Geschwindigkeiten der Integration. Wie lange kann und wird Großbritannien noch außerhalb von »Euroland« bleiben?*

Solange die Briten sich davon keine nachhaltigen wirtschaftlichen Vorteile versprechen. Diesen Punkt kann man nicht theoretisch bestimmen. Die Attraktivität der Euro-Zone wird derzeit dadurch gemindert, dass Kontinentaleuropa im Hinblick auf Wirtschaftswachstum Bremser in der Welt ist. Langfristig wird Großbritannien schon erkennen, dass die Vorteile der Zugehörigkeit zum Euro überwiegen.

*Ist der Euro irreversibel, kann er also nicht mehr abgeschafft werden?*

Durchaus ernst zu nehmende Ökonomen, vor allem in Amerika, meinen, diese Frage sei tatsächlich noch offen, weil die politische Integration der ökonomischen vorausgeeilt ist. Dieses Argument ist erst aus der Welt, wenn die EU klarer als politische Union definiert ist und ihre gravierenden strukturellen Wachstumsprobleme gelöst hat. Unter dem Strich, glaube ich, ist der Wunsch nach einer stabilen Währung so stark im europäischen Denken verankert, dass die Währungsunion nicht wieder auseinander fallen wird. Im Übrigen wäre ein Ausscheiden aus der Währungsunion für jedes Land, das dies tut, mit außergewöhnlich hohen Kosten verbunden, und zwar politisch wie finanziell.

*Zu Europa gehören griechischer Geist, griechische Philosophie und griechische Kunst, das römische Recht, das bis heute fortwirkt, der Ein-Gott-Glaube des Judentums, eine 2000-jährige christliche Kultur- und Religionsgeschichte, die Früchte der Aufklärung und der Französischen Revolution. Könnte man hier von einer »europäischen Leitkultur« sprechen?*

Der Begriff Leitkultur ist wegen des damit verbundenen Führungsanspruchs problematisch. Ich habe aber keinerlei Hemmungen zu sagen, dass Europa der Welt viel anzubieten hat mit seiner kulturellen Vielfalt und seiner humanistischen Tradition. Diese Unterscheidung sollte Europa nicht verstecken, sondern mit Selbstbewusstsein nach außen tragen.

*Da drängt sich geradezu die Frage auf: Passt die Türkei dazu?*

Das ist nicht einfach zu beantworten. Europa muss eine Identität haben. Und der Frage, ob die Türkei diese Identität fördert, darf man nicht ausweichen. In jedem Fall muss noch vieles geschehen, bis sowohl Europa als auch die Türkei zu einem solchen Schritt fähig sind.

*Was antworten Sie auf das Argument: Wir haben den Türken die EU-Mitgliedschaft so lange versprochen, dass wir da jetzt nicht mehr zurückkönnen?*

Da muss man auch mal die Gegenfrage stellen: Wussten die Bürger Europas von diesen Versprechungen? Ich verhehle nicht: Mich überzeugt die Idee einer privilegierten Partnerschaft durchaus, die im Übrigen einen Beitritt prinzipiell nicht ausschließt.

*Gehört Russland Ihrer Meinung nach zu Europa?*

Wenn Sie mit »Europa« den Kontinent meinen, dann zum Teil ja, und zwar bis zum Ural. Wenn Sie aber nach der Europäischen Union fragen, dann denke ich: Wenn eine Gemeinschaft nicht fähig ist, Grenzen zu ziehen, zerfließt alles. Russland hat seine eigene Kultur, seinen eigenen riesigen Wirtschaftsraum und seine eigene Geschichte. Aber die Europäische Union wird ein dringendes Interesse an einer guten Zusammenarbeit haben. Dasselbe gilt meines Erachtens auch für Weißrussland und für die Ukraine.

*Was ist Ihre Vision von Europa im Jahr 2020?*

Eine solche Vision könnte folgendermaßen aussehen: Die Europäische Union hat eine gelebte Verfassung, einen Präsidenten, der sie nach innen und außen vertritt, und sie spricht mit einer Stimme. Europa ist eine wachstumsstarke Region mit leistungsstarken Sozialstaaten. Die EU wird weltweit als Modell für den Dialog zwischen Kulturen und Religionen, für Versöhnung und Zusammenarbeit gesehen.

*Können Sie sich vorstellen, dass Deutsche eines Tages sagen: »Ich bin Europäer«, wenn sie in Asien oder Amerika unterwegs sind?*

Ja, das kann ich mir gut vorstellen: »Ich bin Europäer und komme aus Deutschland.«

## 7
## Amtsverständnis

### »Die Menschen sollen spüren, hier kümmert sich einer«

*Der Reichspräsident in der Weimarer Verfassung war eine sehr starke politische Figur. Weil wir damit schlechte Erfahrungen gemacht haben, installierten die Väter und Mütter des Grundgesetzes einen schwachen Bundespräsidenten. Bei allem Respekt: Ist der Präsident nicht ein Mann ohne Eigenschaften?*

Er oder sie wird nie ohne Eigenschaften sein. Wenn der Präsident, unbeschadet der im Grundgesetz definierten Aufgaben, eine Persönlichkeit ist, dann hat er auch Einfluss. Nicht aufgrund institutioneller Macht. Aber dank der Macht der Argumente und seiner persönlichen Glaubwürdigkeit.

*Wozu brauchen wir den Bundespräsidenten? Könnte man die Aufgaben nicht anders verteilen? Ernennungs- und Entlassungsurkunden für Kanzler und Minister könnte zum Beispiel auch der Bundesratspräsident überreichen.*

Die vielen Länder, die ich bislang besucht habe, hatten alle eine Persönlichkeit, die das Land als Ganzes repräsentierte. Diese Darstellung des Staatswesens durch eine Person bietet die Möglichkeit, auch in einer globalisierten Welt internationale Zusammenarbeit, aber auch die jeweilige Eigenart eines Landes erlebbar zu machen.

*Das könnte im Ausland auch der Kanzler machen.*

Es geht aber nicht nur um die Außenvertretung. Ich habe den Eindruck, die Menschen sehnen sich gerade heute nach einer Autorität, die nicht in den tagespolitischen Streit verwickelt ist. Hier sehe ich die Aufgabe des Bundespräsidenten. Wenn er sie mit intellektueller Kraft und persönlicher Vorbildfunktion erfüllt, kann er den Deutschen das Gefühl geben: Hier ist einer, der sie repräsentiert, der sich aber auch um sie kümmert – nicht aus Parteiinteresse, nicht aus persönlicher Profilierungssucht, sondern weil er dem Volk und dem Land dienen will. Das ist jedenfalls mein Verständnis.

*Der Zeitgeschichtler Hans-Peter Schwarz hat den Bundespräsidenten als »eine Art weltlichen Oberpriester« bezeichnet.*

Als Priester werde ich mich nie fühlen. Aber eine moralische Instanz, das sollte der Bundespräsident schon sein. Er kann auch ein Impulsgeber für die Nation sein. Im Übrigen gefällt mir gut, wie Roman Herzog – als Staatsrechtler – die Aufgabe des Bundespräsidenten in seinem Grundgesetz-Kommentar definiert hat: mahnen, warnen und ermuntern. Jeder Bundespräsident muss sein Amtsverständnis letztlich auch aus der Situation seiner Zeit gewinnen.

*Sie waren Chef des Internationalen Währungsfonds, Sie wären sicherlich für eine zweite Amtszeit wieder gewählt worden. Das war eine sehr einflussreiche Position. Warum ha-*

*ben Sie dieses Amt aufgegeben für eine jedenfalls formal mit viel weniger Macht ausgestattete Position?*

Die Entscheidung zur Kandidatur war nicht einfach für mich. Meine Aufgabe beim IWF war ungemein faszinierend. Doch ich glaube, dass ich meinem Land in dieser Situation etwas geben kann, was es jetzt braucht. Deshalb: Germany first.

*Die schwache rechtliche Ausstattung des Amtes verlangt geradezu nach einer starken Persönlichkeit ...*

... die sich aber immer im Rahmen der Verfassung bewegen muss.

*Hatten wir Ihrer Meinung nach bisher diese starken Charaktere?*

Es ist allgemein anerkannt, dass wir insgesamt Glück hatten mit all unseren Bundespräsidenten. Aber wie immer im Leben gibt es auch hier Unterschiede und Nuancierungen. Jeder war gut auf seine Art.

*Was könnten denn Ihre Stärken sein?*

Die Fähigkeit, auf Menschen zuzugehen, zuzuhören, offen zu sein, zugleich die Vielfalt der Informationen und Vorschläge zu strukturieren, um zu beurteilen, was dem Land wirklich weiterhilft. Wenn ich mir auf diese Weise ein Urteil gebildet habe, werde ich damit auch nicht hinter dem Berg halten. Ich will offen sein – und notfalls auch unbequem.

*Ihr Amtsvorgänger Rau hat zum Ende seiner Amtszeit gesagt: »Der Bundespräsident hat keine Macht.«*

Das verstehe ich als die Beschreibung der formalen institutionellen Situation, aber nicht als Einschätzung dessen, was der Bundespräsident sagen, beeinflussen oder anregen kann.

*Wenn wir Macht definieren als Einfluss auf die Gesellschaft: Wie haben sich dann Macht beziehungsweise Einfluss der bisherigen Amtsinhaber ausgewirkt?*

Theodor Heuss hat Deutschland nach dem Krieg geholfen, seine innere Würde wiederzufinden. Dabei hat ihm sicher seine humorvolle Art geholfen. Die Menschen haben in ihm eine Vaterfigur gesehen.

*Heuss hat nach dem Zweiten Weltkrieg einem zutiefst verunsicherten Volk den Weg gewiesen. Gibt es da eine Parallele zur jetzigen Situation, in dem Sinne, dass auch die Deutschen vor einer neuen Realität stehen, mit der sie sich schwer tun?*

Ich sorge mich in der Tat darum, ob die Deutschen die heutige Realität bereits hinreichend vor Augen haben: Die Zukunft Deutschlands lässt sich nicht mehr mit einigen Reparaturen hier und da sichern. Wir müssen neue Wege gehen und die Menschen überzeugen, dass dies in ihrem eigenen Interesse geschieht.

*Welchen der bisherigen Präsidenten haben Sie persönlich gekannt? Hatten Sie mit dem einen oder anderen vielleicht dienstlich zu tun?*

Richard von Weizsäcker hat mich in meiner Zeit als Staatssekretär zweimal eingeladen, damit ich ihm über die Weltwirtschaftsgipfel berichten konnte. Insbesondere interessierte ihn die Entwicklungshilfe für Afrika. Ich erinnere mich an gute Diskussionen.

*Der Nachfolger Richard von Weizsäckers, Roman Herzog, war 1994 eigentlich zweite Wahl. Nominiert wurde er erst, nachdem die CDU/CSU ihren ersten Kandidaten, den sächsischen Justizminister Steffen Heitmann, zurückgezogen hatte.*

(Lacht.) Das zeigt doch, dass auch Kandidaten, die ursprünglich zweite Wahl waren, gut einschlagen können.

*Wie hat Roman Herzog Ihrer Meinung nach sein Amt ausgefüllt?*

Ich bewundere an ihm seinen politischen Mut und seine Fähigkeit zur humorvollen Sprache. Mit seiner Ruck-Rede im Jahr 1997 hat er frühzeitig auf wirtschafts- und gesellschaftspolitischen Handlungsbedarf hingewiesen. Leider haben wir seitdem viel Zeit verloren. Wie sehr Roman Herzog an politischen Inhalten interessiert ist, wie sehr es ihm um die Sache geht, beweist auch seine Beteiligung an der aktuellen Reform-Diskussion.

*Jeder Bundespräsident lässt während seiner Amtszeit seine Parteimitgliedschaft ruhen. Mich hat deshalb irritiert, wie stark Roman Herzog sich anschließend wieder ins politische Tagesgeschäft eingemischt hat. Da haben sich die Aura des Ex-Präsidenten und Herzogs Einsatz für die CDU sehr stark vermischt.*

Auch Bundespräsidenten sind in einer Demokratie nur auf Zeit gewählt. Auch Präsidenten haben das Recht, Individuen zu sein, erst recht, wenn sie aus dem Amt ausgeschieden sind. Ich finde es verdienstvoll, dass jemand sich mit der Erfahrung aus fünf Jahren Präsidentschaft in Sachthemen hineinkniet.

*Aber er hat das nicht in einer überparteilichen Kommission getan, sondern ist wieder ins parteipolitische Geschäft eingestiegen.*

Für mich demonstriert dies einmal mehr, dass Herzog nach seinem Ausscheiden aus dem Amt wieder »Normalbürger« geworden ist.

*Roman Herzog hat sich Anfang des Jahres 2002 als Ex-Präsident weit aus dem Fenster gelehnt, als er zu dem auf verfassungswidrige Weise zustande gekommenen Zuwanderungsgesetz Stellung nahm. Er schrieb sehr unverblümt, er als Bundespräsident hätte das Gesetz nicht unterzeichnet.*

Da hat wohl der Staatsrechtler gesprochen.

*Kommen wir zu Ihrem unmittelbaren Vorgänger Johannes Rau.*

Ich habe ihn als Ministerpräsidenten persönlich kennen gelernt. Wir saßen zum Beispiel beide im Aufsichtsrat der »Lufthansa«. Er war ein ausgesprochen angenehmer Gesprächspartner, dem immer ein gutes Klima wichtig war.

*Wie haben Sie seine Amtszeit erlebt?*

Bei seiner Wahl 1999 war ich schon in London und später dann in Washington. Ich teile seine Auffassung, dass die Globalisierung der politischen Gestaltung bedarf. Darüber haben wir auch persönlich gesprochen.

*Johannes Rau hat die Hauptaufgabe des Präsidenten als »zusammenführen und zur Sprache bringen« definiert.*

Dem kann ich mich anschließen.

*Sie haben gesagt, Sie wollten repräsentieren und integrieren ...*

... und motivieren.

*Außerdem haben Sie dem Land »konzeptionelle und intellektuell-geistige Führung« angeboten. Das erinnert an die »geistig-moralische Wende«.*

Der Bundespräsident kann sich nicht verstecken, wenn es darum geht, aus der Vielfalt von Meinungen, Vorschlägen und Forderungen herauszuarbeiten, was letztlich dem Wohl des Volkes dient. Natürlich soll er sich nicht in das Tagesgeschäft der Regierung oder der Parteien einmischen. Aber auch der Bundespräsident hat einen Amtseid geleistet – sich für das Wohl des deutschen Volkes einzusetzen, seinen Nutzen zu mehren, Schaden von ihm abzuwenden. Wenn es also um entscheidende Zukunftsfragen geht und der Bundespräsident im Dialog mit Bürgern, Experten und wichtigen gesellschaftlichen Gruppen zu dem Urteil kommt, dass die Politik diese Zukunftsfragen nicht angemessen adressiert, dann sollte er sich mit klaren Worten äußern. Er kann auch

Anstöße geben für die politische Lösungssuche der Regierung und der Parteien. Dies gilt insbesondere dann, wenn der Bundespräsident zu der Ansicht gelangt, es läuft etwas schief in dem Land. Dann muss er das auch sagen. Das verstehe ich unter konzeptioneller und geistiger Führung.

*Konzeptionell, geistig, intellektuell, das klingt nach Oberseminar.*

Um Gottes willen, das wäre ein gründliches Missverständnis! Mir kommt es vor allem darauf an, dass jeder versteht, was der Präsident zu sagen hat. Und deshalb werde ich mich um eine verständliche Sprache bemühen. Das heißt eben auch, nicht nur im Vagen oder Ungefähren zu bleiben, sondern auch schon mal konkret zu werden.

*Dabei geht ein Präsident das Risiko ein, dass die Regierung nicht auf ihn hört, ganz gleich, wie verständlich und konkret er formuliert.*

Dieses Risiko darf er aber nicht prinzipiell scheuen. Ich habe mehrfach betont, dass wir risikofreudiger werden müssen, es auch mal wagen sollten, etwas Neues auszuprobieren. Das gilt selbstverständlich auch für mich und die Rolle des Bundespräsidenten.

*Aus dem, was Sie bisher gesagt haben, schließe ich, dass Sie Ihre wichtigste Aufgabe darin sehen, die Bevölkerung auf den Wandel einzustellen.*

Das kann der Bundespräsident nicht allein machen. Aber er kann erklären und Zusammenhänge aufzeigen. Aufgrund seiner überparteilichen Stellung kann er die langfristigen Reformziele im Auge behalten, welche die Parteien im politischen Tagesgeschäft mitunter aus dem Blick verlieren.

*Wie kann das geschehen – außer durch Reden und Interviews?*

Ich werde das direkte Gespräch suchen, mit Bürgern und Politikern. Und ich könnte mir auch vorstellen, einen regelmäßigen Meinungsaustausch mit dem Bundeskanzler zu haben.

*Der Staatssekretär des Bundespräsidialamtes nimmt an jeder Sitzung des Kabinetts teil.*

Der Präsident ist, wenn er will, sehr gut informiert.

*Wir leben in einer Mediengesellschaft. Wäre eine regelmäßige Fernsehansprache des Präsidenten eine Möglichkeit?*

Der Präsident hält die regelmäßige Weihnachtsansprache. Es gibt darüber hinaus seit der Amtszeit Roman Herzogs die so genannte Berliner Rede, die nicht aus einem bestimmten Anlass, sondern grundsätzlich ein Mal im Jahr gehalten wird. Diese junge Tradition will ich fortsetzen.

*Und regelmäßige Fernsehansprachen?*

Ich glaube schon, dass auch der Bundespräsident das Medium Fernsehen noch stärker nutzen könnte.

*Es ist ein ungeschriebenes Gesetz, dass der Präsident im Fernsehen oder Hörfunk nicht kontrovers mit anderen Politikern oder Interessenvertretern diskutiert. Allenfalls lässt sich der Bundespräsident allein befragen. Müsste sich ein Präsident, der bewusst in Sachdebatten eingreifen will, nicht auch öffentlichen Diskussionen stellen?*

Der Präsident muss bei allem, was er tut, die Würde des Amtes wahren. Andererseits ist auch hier jeder Amtsinhaber im Kontext seiner Zeit zu sehen. Und wenn es die Probleme erfordern, kann ich mir durchaus vorstellen, dass ich mich auch etwas aktiver in den Dialog einschalte und nicht unbedingt vor einer öffentlichen Diskussion mit anderen zurückschrecke. Denn im offenen Diskurs gibt es nun mal mehrere Meinungen. Ich glaube nicht, dass dem Präsidenten ein Zacken aus der Krone bricht, wenn er sich öffentlich Gegenargumente anhört oder sogar einmal anerkennen muss, dass ein anderes Argument tragfähiger ist. Am Ende stärkt es ihn selbst und seine Glaubwürdigkeit. Die Menschen müssen nur immer wissen: Er macht es nicht für sich oder für eine Partei. Er macht es im Interesse aller.

*Können Sie sich das Schloss Bellevue als einen Ort des Dialogs der Eliten vorstellen?*

Ich werde versuchen, Männer und Frauen zusammenzuführen, die etwas zu sagen haben. Der Bundespräsident schöpft Weisheit ja nicht allein aus sich selbst.

*Das Schloss Bellevue, der Amtssitz des Bundespräsidenten, wird umgebaut. Wo werden Sie wohnen? In Ihrer eigenen Wohnung in Charlottenburg?*

Das weiß ich noch nicht. Wir wollen uns in jedem Fall in unserer Wohnung auch privat wohl fühlen können.

*Werden Sie ein Präsident zum Anfassen sein?*

Im Wortsinn nein, bildlich schon. Ich werde auf die Menschen zugehen und sie ermuntern, mich anzusprechen. Ich werde mit Politik und Wissenschaft diskutieren, aber ich werde auch die Bürger zum direkten Dialog einladen.

*Verstehen Sie sich auch als Stimme der Minderheiten?*

Minderheiten verdienen nicht nur Respekt, sie bereichern auch eine Gesellschaft. Darum werde ich sicher darauf achten, dass die Minderheiten ihr Recht und eine Stimme haben. Ich werde nicht zuletzt auch für die behinderten Menschen in Deutschland da sein.

*Zu den Minderheiten in Deutschland zählen auch die Zuwanderer. Fühlen Sie sich als Präsident aller Deutschen oder als Präsident aller in Deutschland lebenden Menschen?*

Ich werde zunächst Präsident aller Deutschen sein. Aber ich will auch für die hier lebenden Menschen, die nicht Deutsche sind, ein Ansprechpartner sein. Und in jedem Fall will ich mit dazu beitragen, dass sich bei uns auch Nichtdeutsche wohl fühlen können.

*Haben Sie zur Vorbereitung auf das Amt schon mal im Grundgesetz geblättert?*

Das habe ich in meinem Leben schon des Öfteren getan. Aber Sie haben Recht: Bestimmte Paragrafen habe ich mir jetzt noch einmal genauer angeschaut.

*Es gibt die These, der Kanzler sei auf eine gute Zusammenarbeit mit dem Bundespräsidenten mehr angewiesen als umgekehrt der Präsident auf ein gutes Verhältnis zum Kanzler. Stimmen Sie zu?*

Das ist für mich eine spekulative Frage. Die Aufgaben von Bundeskanzler und Bundespräsident sind im Grundgesetz geregelt. Daran müssen und werden sich beide halten. Die Menschen erwarten sicherlich, dass beide gut zusammenarbeiten. Daran werde ich mich halten.

*Artikel 59 besagt, dass dem Präsidenten die völkerrechtliche Vertretung des Landes obliegt. Es gibt vereinzelte Stimmen unter den Verfassungs-Kommentatoren, die dem Präsidenten mehr Rechte zugestehen, als die bisherigen Amtsinhaber ausgeübt haben. Wie sehen Sie das?*

Der Bundespräsident macht auch im Ausland keine operative Politik.

*Wenn er es doch tut, legt er die Regierung fest.*

Das kann er vielleicht einmal, zweimal machen. Wenn die Regierung dann nicht mitmachen will oder kann, hat er sich auch keinen Gefallen getan. Ganz abgesehen vom Schaden für das Land. Der Bundespräsident kann allerdings durch die Ziele seiner Reisen, durch die Auswahl von Staatsgästen, durch die Art, in der er bestimmte Themen aufgreift, deutlich machen, wo nach seinem Urteil außenpolitische Akzente zu setzen sind. Und da ich lange genug im Ausland war und eine Vorstellung davon habe, wie die Welt aussieht, werde ich die Außenvertretung sicher nicht vernachlässigen.

*Der Bundespräsident hat das Recht, den Bundestag einzuberufen. Das hat bisher noch kein Staatsoberhaupt getan. Sie könnten ja zu dem Ergebnis kommen, das Parlament müsste sich mit bestimmten Themen befassen.*

So konkret habe ich die Dinge noch nicht durchdacht. Das müsste man sich im konkreten Fall auch sehr gründlich überlegen. Aber grundsätzlich werde ich alles im Rahmen des Grundgesetzes Mögliche tun, um Deutschlands Nutzen zu mehren. Das ist für mich der entscheidende Maßstab.

*Sie sind der ökonomisch versierteste Präsident, den Deutschland je hatte. Der Aufsichtsrat ist dem Vorstand in wirtschaftlichen Fragen also überlegen. Kann das gut gehen?*

Politik ist mehr als Ökonomie, und gute Ökonomen müssen nicht auch gute Politiker sein. Tatsache ist aber auch, dass diese Republik in der wirtschaftlichen Verfassung, in der sie jetzt ist, gute Ökonomen brauchen kann. Es ist deshalb vielleicht eine günstige Konstellation, dass jetzt jemand Präsident wird, der von der Ökonomie einiges versteht. Ich will die Bedeutung der Ökonomie nicht überhöhen. Man kann und darf in der Tat nicht alles ökonomisieren, nicht alles nur unter dem Gesichtspunkt von Effizienz und Rendite betrachten. Aber umgekehrt sollte man die wirtschaftliche und damit auch soziale Realität in diesem Land nicht ignorieren. Ich werde also meine ökonomische Kompetenz nicht verstecken. Damit würde ich mich auch selbst verraten.

*Einer Ihrer Vorgänger, Richard von Weizsäcker, hat mit dem Wort von der »Machtversessenheit und der Machtvergessenheit« der Parteien Aufsehen erregt. Wie sehen Sie die politische Landschaft? Werden die Parteien ihrem Auftrag noch gerecht?*

Bei aller Kritik und bei allen unbestreitbaren Schwächen muss man immer auch nach der Alternative fragen. Das Pauschalurteil, die Parteien würden ihren Auftrag nicht erfüllen, halte ich nicht für zutreffend. Allerdings klafft zwischen dem politischen Betrieb und dem, was das Volk bewegt, häufig eine Lücke. Wenn die Politik sich von den Menschen entfernt, dann läuft etwas in die falsche Richtung. Es ist kein Zufall, dass Menschen sich weltweit – auch in Deutschland – zunehmend außerhalb von Parteien organisieren, in Bürgerinitiativen, Nicht-Regierungs-Organisationen oder Internet-Netzwerken. Hier bewegt sich offenkundig etwas. Wenn Bürger sich in unterschiedlichsten Gruppen organisieren, finde ich das einerseits gut, weil es demonstriert, dass wir eine mündige Gesellschaft geworden sind. Andererseits zeigt sich hier aber sicherlich auch eine gewisse Unzufriedenheit mit den professionellen Politikern.

*Sie waren doch selbst mal in einer Bürgerinitiative aktiv.*

Ich habe in den siebziger Jahren in Herrenberg-Mönchberg eine Bürgerinitiative geleitet, deren Ziel es war, eine Mülldeponie in einem Naturschutzgebiet zu verhindern. Das ist uns auch gelungen, allerdings nicht mit spektakulären Happenings, sondern mit Sachargumenten.

*Ein geradezu klassisches grünes Engagement.*

So kann man es sehen. Und als ich 1976 nach Bonn ging, dachten die etwa 700 Dorfbewohner: Die haben den Köhler weggeholt, damit die Mülldeponie doch kommt. Inzwischen hat sich übrigens herausgestellt, dass die von uns verhinderte Erddeponie auch gar nicht nötig war. Ich sehe derartige Engagements bis heute positiv. Aber letztlich lebt die Demokratie vom Wettbewerb der Ideen. Darum kommt es auf die Balance an: Politische Macht zu erlangen muss das Ziel einer Partei sein, wenn sie glaubt, ein besseres Konzept für das Land zu haben. Aber Machtgewinn und Machterhalt dürfen kein Selbstzweck sein, sondern müssen dem Land dienen.

*Bei den Bürgerinitiativen, über die wir reden, handelt es sich oft um so genannte Ein-Thema-Bewegungen, die nicht immer nur idealistisch sind. Es gab schon Bürgerinitiativen gegen den Bau eines Altenheimes, weil die Anwohner sich den Anblick gebrechlicher Menschen und das An- und Abfahren von Krankenwagen und Fahrzeugen von Bestattungsunternehmen ersparen wollten. Eine lupenreine »Grass-root«-Bewegung also, aber dennoch unglaublich egozentrisch.*

Für diese Art von Egoismus habe ich keinerlei Verständnis. Dieses Beispiel zeigt in der Tat, dass wir institutionelle Strukturen brauchen, um Einzelinteressen mit dem Gemeinwohl zu verbinden.

*Wir haben einerseits Bürgerinitiativen, wie sie vor Jahrzehnten undenkbar waren, auf der anderen Seite engagieren sich immer weniger Menschen in Parteien. Und die Wahlbeteiligung geht tendenziell überall zurück. Macht Ihnen das Sorgen?*

Das muss einem Sorge machen. Es ist ein Symptom für die Abwendung von der Politik, und diese Entwicklung kann radikalen Minderheiten zugute kommen. Darum müssen die Politiker sich fragen, woran es liegt, dass die Menschen ihnen nicht mehr zuhören oder sich sogar abwenden.

*Könnte eine niedrige Wahlbeteiligung nicht ein Zeichen für eine stabile Demokratie sein? Nämlich dann, wenn die Unterschiede zwischen den potenziellen Regierungsparteien so gering sind, dass bei keinem Wahlausgang mit schwerwiegenden Veränderungen zu rechnen ist?*

Den Rückgang der Wahlbeteiligung auf zu geringe ideologische Unterschiede zwischen den Parteien zurückzuführen, halte ich für blauäugig. Wir sollten dieser Entwicklung politische Aufmerksamkeit schenken. Drückt sich darin doch eine gewisse Enttäuschung der Bürger aus, der Eindruck, die Politik beschäftige sich nicht mit ihren Problemen, sondern mehr mit sich selbst. Ich betrachte die Höhe der Wahlbeteiligung schon als einen Seismographen für das Interesse an der Politik. Die Bürger wissen sachorientierte Diskussionen der Parteien, in denen inhaltliche Unterschiede deutlich werden, zu schätzen.

*Ich möchte noch einmal die Politikverdrossenheit ansprechen. Könnte es nicht auch sein, dass der oft sehr rüde Um-*

*gangston zwischen Politikern und zwischen Parteien die Menschen eher abstößt als für Politik interessiert?*

Manchmal kann man schon den Eindruck haben, dass Polemik vor Sachkompetenz kommt. Andererseits sind politische Diskussionen im Kammerton auch nicht befriedigend, wenn die Politiker nicht wirklich um Alternativen ringen und dabei auch mal Herzblut zeigen.

*Kommen wir zu den Politikern. Es wird meiner Meinung nach niemand bestreiten, dass die Qualität des politischen Personals – quer durch alle Parteien – seit Jahren sinkt. Leute, die in ihrem Beruf überdurchschnittlich erfolgreich waren, Männer und Frauen mit fundiertem Allgemeinwissen oder einem intellektuellen Hintergrund, findet man in den Parlamenten heute seltener als früher. Es gibt sie noch, aber immer seltener.*

Pauschalurteile über Politiker helfen nicht weiter. Vielleicht liegt ein Problem darin, dass wir zu viele Politiker haben, die in ihrem ganzen Leben nichts anderes gemacht haben als Politik. Politik darf kein Selbstzweck sein.

*Von der Universität direkt in den Bundestag …*

Das sollte wohl eher die Ausnahme sein und ist es auch. Gut finde ich im Übrigen, dass die Palette der Berufe, die in den Parlamenten vertreten sind, nach der deutschen Einheit breiter geworden ist.

*Wir haben so gut wie niemanden mehr im Bundestag, der eine Fabrikhalle jemals von innen gesehen hat.*

Wenn das Volk in all seinen Facetten im Parlament nicht mehr vertreten ist, geht etwas verloren. Man muss aber auch sehen, dass zum Beispiel ein Mittelständler, der hart ums Überleben kämpft, schlicht keine Zeit für Politik hat. Ich gebe gern zu: Es ist leichter, diese Entwicklung zu beklagen, als sie zu ändern.

*Die Deutschen sind geradezu konsenssüchtig, auch konfliktscheu. Wenn in einer Partei hart und kontrovers über Sachthemen diskutiert wird, was ja eigentlich positiv ist, gilt sie als zerstritten und sinkt sofort in der Wählergunst. Ist unsere demokratische Streitkultur etwas unterentwickelt, sind wir zu harmoniesüchtig?*

Streitkultur bedeutet, dass man unterschiedliche Sachpositionen in einer geregelten Weise ausdiskutiert. Hier gibt es sicherlich Verbesserungsmöglichkeiten. Konsensbildung ist natürlich nichts Schlechtes. Wenn aber das Streben nach Übereinstimmung die unterschiedlichen Positionen und Ziele eher vernebelt, ist sie nicht hilfreich. Auch das ist ein Grund für Politikverdrossenheit: Der Bürger misstraut den Akteuren, weil er nicht weiß, wer wofür steht. Etwas mehr offener, aber sachlich ausgetragener Streit könnte der Republik nicht schaden.

*Könnte es uns helfen, wenn wir die plebiszitären Elemente stärken würden?*

Darüber sollten wir offen diskutieren. Am Ende kommt es darauf an, eine gute Balance zu finden zwischen direkter und indirekter Demokratie.

*Das Internet bietet uns die Möglichkeit, per Knopfdruck abzustimmen. Rein theoretisch könnte es die direkte Demokratie befördern.*

Auch dies sollte in die Diskussion mit einbezogen werden. Ich gebe nur zu bedenken, dass das Internet etwas nicht leisten kann, was ich immer noch, und vielleicht sogar immer mehr, für wichtig halte: Politiker und Wähler sollen sich auch in die Augen schauen können.

*Die Direktwahl des Bundespräsidenten wird bei uns immer dann diskutiert, wenn gerade wieder eine Bundesversammlung ansteht. Danach versinkt das Thema für exakt fünf Jahre wieder in der Versenkung.*

Das im Grundgesetz vorgesehene Verfahren hat sich durchaus bewährt. Wir hatten gute Bundespräsidenten. Ich kann noch nicht erkennen, dass die Argumente für eine Direktwahl jetzt überwiegen sollten. Wer für die Direktwahl ist, muss wissen, dass er dann in Bezug auf die Machtverteilung eine andere Situation schafft. Wenn der Bundespräsident sagen kann: »Die Mehrheit der Bevölkerung will das, wofür ich stehe«, kann dies die Machtbalance in der Republik beeinflussen. Ich habe aber überhaupt nichts gegen eine breite Diskussion dieser Frage.

*In Österreich gibt es die Direktwahl, ohne dass der Präsident dort viel mehr Macht hätte als sein deutscher Amtskollege.*

Meines Wissens ist sein Mandat durchaus breiter gefasst als in Deutschland. Mein Punkt ist: Wir sollten nicht aus der

Hüfte schießen. Ich rate dazu, dass man gründlich diskutiert, damit man weiß, was man tut.

*Ihr Vorgänger Johannes Rau hat kürzlich den alten Vorschlag aufgegriffen, den Bundespräsidenten direkt wählen zu lassen, gleichzeitig aber eine Wiederwahl auszuschließen und die Amtszeit etwas zu verlängern.*

Ganz unabhängig von der Direktwahl: Für eine einmalige Amtszeit, die auch etwas länger sein könnte, haben sich schon viele ausgesprochen. Es spricht überhaupt nichts dagegen, auch diesen Vorschlag im Rahmen einer breiteren Diskussion zu behandeln.

*Das Nominierungsverfahren von CDU und CSU, das letztlich zu Ihrer Kandidatur geführt hat, ist heftig kritisiert worden. Ist das Amt Ihrer Meinung nach dadurch beschädigt worden?*

Der Kandidatenaufstellung gingen eigentlich immer intensive politische Rangeleien voraus. Wenn sie nicht öffentlich wurden, heißt das nicht, dass sie nicht dennoch heftig waren. Es ist auch wichtig, das Amt vor Scheinheiligkeit zu bewahren. Bestimmte Konstellationen führen zu bestimmten Kandidaturen oder vereiteln andere. Ob in einem solchen Prozess immer der beste Kandidat gefunden wird, das muss offen bleiben. Jeder Präsident sollte in seine Zeit passen. Horst Köhler in den siebziger Jahren wäre wahrscheinlich nicht denkbar gewesen. Horst Köhler am Anfang des 21. Jahrhunderts kann dem Land vielleicht etwas geben, was es gerade jetzt braucht.

*Zu den Privilegien des Bundespräsidenten gehört, dass er – salopp formuliert – mit Orden um sich werfen kann. Es ist schon vorgekommen, dass kurz vor dem Ende der Amtszeit Journalisten bedacht wurden, um sie für die Abfassung späterer Würdigungen gewogen zu stimmen. Wenn eine Nonne sich ein Leben lang in einer Großstadt um Obdachlose kümmert, wird sie vielleicht ebenfalls geehrt. Da stimmt irgendwie die Balance nicht.*

Ich weiß nicht, ob Ihre Beschreibung zutrifft. Es würde mich aber wundern. Es ist sehr wichtig, dass Ordensverleihungen nicht in den Geruch der Begünstigung kommen oder vorwiegend in der Nähe politischer Macht stattfinden. Das Bundesverdienstkreuz in all seinen Abstufungen ist ein Instrument, mit dem der Bundespräsident sichtbar machen kann, welche besonderen, welche vorbildlichen Leistungen in verschiedenen Bereichen der Bevölkerung erbracht werden. Und zwar Leistungen, bei denen Menschen über das hinausgegangen sind, was man eigentlich von ihnen erwarten konnte.

*Vor Ihnen liegen mindestens fünf Jahre als Bundespräsident. Wie sollte Deutschland am Ende dieser Amtszeit, Ihrer Amtszeit, aussehen?*

Fröhlicher, optimistischer, voller Ideen und Tatendrang.

# 8
# Reden
Auszüge aus wichtigen Ansprachen des Bundespräsidenten

## *»Ich liebe unser Land«*

**Ansprache nach der Wahl zum Bundespräsidenten am 23. Mai 2004 in Berlin**

Allen Mitgliedern der Bundesversammlung, die mich gewählt haben, danke ich für ihr Vertrauen. Und diejenigen, die mir ihre Stimme nicht gegeben haben, will ich durch meine Arbeit überzeugen. Ich möchte Bundespräsident aller Deutschen sein und ein Präsident für alle Menschen, die hier leben.

Aus gutem Grund ist das höchste Amt in einem demokratischen Staat niemandem in die Wiege gelegt. Für mich persönlich ist die Entscheidung der Bundesversammlung ein wirklich sehr bewegender Augenblick. Nach sechs Jahren im Ausland kehre ich mit einem Gefühl von Freude und Dankbarkeit in meine Heimat zurück. Deutschland hat mir viel gegeben. Davon möchte ich etwas zurückgeben. Ich liebe unser Land. (…)

Ja, ich werde in meinem Amt zu mehr Entschlossenheit, Tatkraft und auch Stetigkeit bei wirtschafts- und sozialpolitischen Reformen drängen. Doch ich hoffe, ich enttäusche heute niemanden, wenn ich eine ganz andere Frage voranstelle, nämlich: Was will Deutschland im 21. Jahrhundert sein, was kann es sein und wo will dieses Land hin?

Mit Recht betonen viele in diesem Zusammenhang die Notwendigkeit, vor allem Bildung und Innovation zu stärken. Deutschland ist mir zu langsam auf seinem Weg in die Wissensgesellschaft. Mein Traum geht aber noch weiter.

Deutschland soll ein Land der Ideen werden. Im 21. Jahrhundert bedeutet das mehr als das Land der Dichter und Denker, mehr als Made in Germany, mehr als typisch deutsche Tugenden. Das ist ganz sicher etwas anderes als Großmannssucht und Selbstüberschätzung.

Deutschland – ein Land der Ideen: Das ist nach meiner Vorstellung Neugier und Experimentieren. Das ist in allen Lebensbereichen Mut, Kreativität und Lust auf Neues, ohne Altes und Alte auszugrenzen. Das sind neue Gründerjahre. Das ist die Kraft, auch mit Rückschlägen umzugehen und wieder neu anzufangen. Das sind Ideen auch für Europa.

Deutschland – ein Land der Ideen: Das ist für mich zuerst und vor allem ein Land für Kinder. Wie kommt es, dass wir in Deutschland immer weniger Kinder haben? Glauben wir nicht mehr an unsere Zukunft? Kinder bedeuten Neugier, Kreativität und Zuversicht. Kinder sind Brücken in die Welt von morgen. Wir müssen uns alle anstrengen, eine familien- und kinderfreundliche Gesellschaft zu werden. (...)

Wir können in Deutschland vieles möglich machen. Aber dazu müssen erst einmal wir uns selbst mehr zutrauen. Und: Wir müssen wieder mehr auf die Kraft der Freiheit vertrauen. Es war diese Kraft, mit der vor 15 Jahren die Menschen im Osten unseres Vaterlandes die scheinbar unüberwindliche Mauer zum Einsturz gebracht haben – einer der großartigsten Momente unserer Geschichte und auch eine stetige Verpflichtung für uns, die innere Einheit zu verwirklichen.

Die Kraft der Freiheit stärken, darauf achten, dass es gerecht zugeht in Deutschland, und dazu beitragen, dass wir ein Land der Ideen werden – dafür will ich eintreten und dazu bitte ich um das Mitmachen aller. Ich grüße alle Landsleute nah und fern, unsere Nachbarn in Europa und unsere Freunde in der Welt. Gott segne unser Land!

## *»Wir können in Deutschland vieles möglich machen«*

**Antrittsrede von Bundespräsident Horst Köhler am 1. Juli 2004 im Deutschen Bundestag**

(...) Ich will Ihnen zunächst von etwas berichten, was mich in dieser Form schon etwas verwundert hat. Seit dem 23. Mai, dem Tag der Bundesversammlung, werde ich immer wieder gefragt: »Was genau lieben Sie an Deutschland?« Oder: »Warum lieben Sie denn Deutschland?« Wenn ich dann auf die Landschaften, die Dialekte, die Literatur, die Musik verweise, sagen die Leute: »Na ja, das ist sicher richtig.« Aber sie sagen auch: »Das allein kann es ja wohl nicht sein.«

Und tatsächlich: Landschaft, Sprache, Musik – ist das wirklich alles? Zumal in einer Zeit, in der nicht wenige Menschen in Deutschland große Sorgen haben, in der unser Land unübersehbar in wirtschaftlichen Schwierigkeiten ist, in der sich neue Spaltungstendenzen in unserer Gesellschaft bemerkbar machen. Spaltungen, wie sie es in dieser Form vor zwei oder drei Jahrzehnten noch nicht gab.

Damit meine ich nicht allein Unterschiede zwischen West- und Ostdeutschland. Ich meine die Unterschiede, die mitten durch unsere Gemeinschaft gehen: Menschen, die Arbeit haben, und diejenigen, die ohne Aussicht auf Arbeit leben; Gutverdienende ohne Kinder und Familien mit Kindern oder Alleinerziehende ohne geregeltes Einkommen und Perspektive. Ich meine die dramatische Alterung der Bevölkerung mit drohenden Konflikten zwischen Alt und Jung. Und ich meine auch die Gefahr der Entwicklung von Parallelgesellschaften in unseren Städten, ausgelöst dadurch, dass die Integration von Menschen unterschiedlicher Herkunft und Religion nicht klappt.

Wahr ist aber auch: Die Schönheit unseres Landes, die Geschichte unseres Landes, die Probleme unseres Landes – das alles ist und bleibt Deutschland. Das ist unser Land, das ist unsere Heimat. Und wahr bleibt auch: Trotz aller Schwierigkeiten, Probleme und Krisen, die unser Land zurzeit durchläuft, geht es uns Deutschen weit besser als drei Vierteln der Menschheit. (…)

Trotz aller aktuellen Schwierigkeiten stehen das Grundgesetz und die soziale Marktwirtschaft für eine besonders glückliche und friedliche Phase unseres Landes; Bundespräsident Rau hat darauf hingewiesen. Ich selber bin Teil einer Generation, die die Geschichte der Bundesrepublik als einzigartige Erfolgsgeschichte miterlebt hat, von der Aussöhnung mit unseren Nachbarn über das Wirtschaftswunder bis zur Wiedervereinigung. All dies sind große historische Leistungen und gute Gründe, uns selbst zu vertrauen, uns etwas zuzutrauen. Es sind für mich gute Gründe, unser Land, unsere Heimat, zu lieben.

Und deshalb frage ich: Kann es uns egal sein, ob unser Land wächst und gedeiht oder im globalen Wettbewerb weiter zurückfällt? Kann es uns egal sein, ob einer der Motoren Europas immer mehr ins Stottern gerät, wie manche sagen? Ich denke, nicht. Warum? Erstens, weil unsere Partner in Europa und in der Welt auf uns schauen und zu Recht viel von uns erwarten. Wir sind 80 Millionen Menschen im Herzen Europas, und wir haben gar keine andere Wahl, als Verantwortung zu übernehmen. Deutschland muss ein Land sein, das Ideen zur politischen Gestaltung hat und zum Ausgleich fähig ist, das souverän ist und gleichzeitig weiß, dass es seine Partner dies- und jenseits des Atlantik braucht. (...)

Für mich ist Freiheit der wichtigste Wert, der Europa und Amerika dauerhaft verbindet, und ich sehe Amerika weiterhin als Hort der Freiheit. Es ist wahr: Die Amerikaner haben ihre Fehler gemacht, wir Europäer die unsrigen. Klar ist für mich aber auch: Niemandem kann an einem Zerrbild Amerikas in der Welt gelegen sein. Das schadet allen, die auf dieser Welt für Freiheit und Demokratie eintreten. Wir Deutsche sollten uns um eine gute Partnerschaft und einen neuen Dialog mit Amerika bemühen – selbstbewusst und auch fähig zur Kritik unter Freunden, mit denen uns gemeinsame Werte und Interessen verbinden. Gemeinsame Werte und gemeinsame Interessen – das trägt mehr und weiter als nur Dankbarkeit. (...)

Deutschlands Schicksal entscheidet sich vor allem in Europa. Versöhnung und Zusammenarbeit in Europa haben uns Freiheit, Frieden und Wohlstand gesichert. Wer hätte vor 50 Jahren all dies zu glauben gewagt? Die Erweiterung der Europäischen Union und die Einigung der Staats- und Regierungschefs auf den Verfassungsvertrag sind weitere Meilensteine auf dem Weg zu einem vereinten Europa, einer Wertegemeinschaft. Deutschland sollte diesen Weg weiter mit Festigkeit und auch Geduld gehen. (...)

Es gibt einen zweiten, noch wichtigeren Grund, warum wir uns nicht einfach mit dem derzeitigen Zustand unseres Landes abfinden sollten: Wir haben die Verantwortung, die schöpferischen Kräfte der Menschen zu wecken und zur Entfaltung kommen zu lassen. Aus ureigenem Interesse braucht Deutschland einen neuen Aufbruch. Wir müssen die Spaltungen in unserer Gesellschaft überwinden. Das werden wir aber nur schaffen, wenn wir ihre Ursachen bekämpfen und nicht nur Symptome beschreiben und wenn wir unser Land so sehen, wie es ist. Wir haben Stärken, aber wir haben auch Schwächen. Es kommt darauf an, die Stärken zu bewahren und auszubauen. Aus den Schwächen gilt es zu lernen. Ich bin sicher, wir haben alle notwendigen Talente. Was uns fehlt, sind die richtigen Rahmenbedingungen, das richtige Klima, damit sich diese Talente entfalten können. Wir sollten uns nicht selber einreden, wir könnten das nicht packen. (...)

Überall wird gesagt, dass wir Reformen brauchen. Ich selbst habe das auch gesagt. Viele Menschen können das Wort Reform aber schon nicht mehr hören. Es ist uns offensichtlich nicht gelungen, das Ziel der Reformen zu erklären. Dieses Ziel zu erklären ist unsere Verpflichtung. Was ist denn unser Ziel? Nun, ich sage es ganz einfach: Wir wollen aus Deutschland wieder ein erfolgreiches Land machen, ein Land, in dem Menschen gerne leben, vor allen Dingen ein Land, in dem Menschen Arbeit finden und ihre Ideen entfalten können, ein zuversichtliches Land, ein zupackendes Land, ein Land der Ideen. Das sollten wir erreichen und das können wir erreichen. (...)

Wir brauchen einen Mentalitätswandel in unserem Land, eine neue Balance von Eigenverantwortung und kollektiver Absicherung. Wir müssen auch die Sozialpolitik nach dem Prinzip der Nachhaltigkeit gestalten, also bei allen Entscheidungen, allen Gesetzesvorhaben immer auch die Auswirkungen auf zukünftige Generationen, unsere Kinder, berücksichtigen. Das haben wir zu lange vernachlässigt.

Uns allen muss dabei bewusst sein: Der Umbau des Sozialstaates verlangt schon jetzt vielen Menschen in Deutschland vieles ab. Es gibt soziale Härten, weil Einschnitte Menschen treffen, die ohnehin nicht viel haben. Ich weiß das, und wir alle sollten das wissen. Niemand kann seriös bereits nach kurzer Zeit neue Verteilungsspielräume versprechen. Umso mehr müssen wir darauf achten, dass alle Verantwortung tragen und Opfer bringen, und zwar entsprechend ihrer Leistungsfähigkeit. (...)

Menschen mit Mut, Ideen und Verantwortungsbewusstsein fallen nicht vom Himmel. Sie werden geprägt: in der Familie, in der Schule, im Wohnviertel. Deshalb sind Bildung und Erziehung der Schlüssel für die Zukunftsfähigkeit Deutschlands. Bildung und Erziehung – das bedeutet, Kreativität zu fördern, Ideen zu wecken und Werte zu vermitteln. Das gelingt nur denen, die Vorbilder schaffen und Ideale selbst vorleben und an denen sich junge Menschen orientieren oder auch reiben können. Hier haben wir aus meiner Sicht möglicherweise den größten Handlungsbedarf. Bildung heißt, in Herzen und in Köpfe zu investieren. Wir brauchen ein Bildungswesen, das Leistung fördert, Freude am Lernen vermittelt und selbst als lernendes System kreativ und entwicklungsfähig ist. (...)

Über Familie und Kinder habe ich vor kurzem einen bemerkenswerten Satz gelesen: Kinder sind die einzig unkündbare Beziehung. Deshalb kommt es darauf an, dass sich die Eltern wieder ihres Erziehungsauftrags bewusst werden. Das heißt vor allem: Sie müssen Vorbild sein. Wir wissen: Vater und Mutter zu sein ist einer der schwierigsten Berufe, zumal heute, in einer Zeit, in der junge Menschen um Arbeitsplätze und soziale Anerkennung ganz anders kämpfen müssen als meine Generation: Sie haben es heute schwerer.

Bildung und Familie müssen auch deshalb zusammen und neu gedacht werden, weil uns die rapide Alterung unserer Gesellschaft vor gewaltige Probleme stellt. Ohne Kinder hat unser Land keine Zukunft. Daher ist es so wichtig, dass Deutschland als Land der Ideen vor allem ein Land für Kinder wird. Deutschland muss zu einem Land werden, in dem wir es nicht zulassen, dass Kinder verwahrlosen können, in dem es kein Schild mit der Aufschrift »Spielen verboten« mehr gibt und in dem Kinderlärm kein Grund für Gerichtsurteile ist.

Dabei sollte klar sein: Kinder sind nicht allein Frauensache, sondern Elternsache. Die Mehrheit der jungen Menschen wünscht sich die Vereinbarkeit von Kind und Beruf. Aber da ist noch ein weiterer, sehr wichtiger Punkt: Wir müssen zu einem Land werden, in dem die Gleichberechtigung von Frau und Mann selbstverständlich ist.

Und das gilt nicht zuletzt für Führungspositionen von Frauen in Wirtschaft und Gesellschaft. Deutschland gehört hier zu den Entwicklungsländern. Das kann ich Ihnen aufgrund meiner internationalen Erfahrung berichten. Wir Männer müssen uns klar machen: Es geht dabei nicht einmal so sehr um das Thema Kinder und Familien. Es geht vielmehr um die Kreativität und die Kompetenz der Frauen. Wir brauchen sie dringend. (…)

Wir brauchen mehr Kindertagesstätten und bessere Arbeitszeitmodelle, die es möglich machen, Beruf und Zuhause zu verbinden. Gleichzeitig ist es mir ganz wichtig zu sagen: Auch die Mütter, die sich zu Hause für ihre Familien engagieren wollen, sollten in unserer Gesellschaft stärker Anerkennung finden, sichtbar und handfest. (…)

Meinen Amtseid verstehe ich als Verpflichtung, zur Erneuerung Deutschlands beizutragen. Als Bundespräsident werde ich hinschauen, nachfragen, auch hinterfragen. Persönlicher Kompass ist mir dabei mein christliches Menschenbild und das Bewusstsein, dass menschliches Tun am Ende immer vorläufiges Tun ist. (…)

## *»Die Ordnung der Freiheit«*

**Rede beim Arbeitgeberforum »Wirtschaft und Gesellschaft« am 15. März 2005 in Berlin**

In Deutschland sind offiziell 5,216 Millionen Menschen arbeitslos. Sie werden daher von mir keine Festrede erwarten. Zur Sache also: Deutschland ist sich selber untreu geworden. Wir vernachlässigen schon lange das Erfolgsrezept, das der Bundesrepublik Deutschland nach dem Krieg Zuversicht und Wohlstand, Stabilität und Ansehen gebracht hat. Es gab Zeiten, da sprach noch niemand von Globalisierung, aber der VW Käfer lief in aller Welt – und lief und lief und lief. Damals galt in der Bundesrepublik eine Ordnung, die Leistung ermutigte und sozialen Fortschritt brachte.

Diese Ordnung ist im Niedergang, weil immer neue Eingriffe sie schleichend zersetzt haben, selbst wenn sie gut gemeint waren. Seit Jahrzehnten fallen Bundes- und Landesregierungen und nicht zuletzt Brüssel immer neue Auflagen und Regulierungen für die Wirtschaft ein, Wirtschafts- und Sozialverbände haben das ihre dazu getan, die Tarifpartner schlossen Verträge zu Lasten von Dritten, und die Bürger ließen sich gern immer neue Wohltaten versprechen und Geschenke machen. Deshalb ist die Arbeitslosigkeit über Jahrzehnte immer weiter gestiegen. Deshalb machen hohe Abgaben Arbeit teuer und können doch nicht verhindern, dass unseren Sozialsystemen der Kollaps droht. Deshalb ist die Massenarbeitslosigkeit auch kein konjunkturelles, sondern vorwiegend ein strukturelles Problem. Das alles spiegelt sich auch im Stand der Schulden und künftigen Lasten wider. Der aktuelle Schuldenstand (1,4 Billionen Euro) und die Anwartschaften in den Sozialversicherungen (5,7 Billionen) belaufen sich auf insgesamt 7,1 Billionen Euro. Das entspricht 330 Prozent des Bruttoinlandsprodukts. Machen wir uns wirklich klar, welche Erblast das für unsere Kinder und Enkel bedeutet?

Vor 50 Jahren hat Ludwig Erhard gesagt: »Erst auf dem Boden einer gesunden Wirtschaft kann die Gesellschaft ihre eigentlichen Ziele erfüllen.« Das gilt heute mehr denn je. Und die Welt bleibt nicht stehen. Demokratie und Marktwirtschaft setzen sich immer weiter durch. Wir freuen uns darüber. Es bedeutet freilich einen neuen globalen Wettbewerb um Arbeit und Wohlstand. Zugleich werden wir unerbittlich mit den Folgen des Geburtenrückgangs konfrontiert. Beides zusammen stellt unsere ganze Wirtschafts- und Sozialordnung auf den Prüfstand – ob wir wollen oder nicht. Wir haben eine gewaltige Aufgabe für gestaltende Politik vor uns.

Es sind dicke Reformbretter, die wir bohren müssen. Ein mutiger Anfang ist mit der Agenda 2010 gemacht. Er wird eine positive Wirkung entfalten. Doch wir müssen unseren Menschen ehrlich sagen, dass wir es damit noch nicht geschafft haben. Wir brauchen einen modernen Sozialstaat, der mit einer nachhaltigen öffentlichen Finanzwirtschaft vereinbar ist. Wir brauchen ein effizientes Steuersystem, das Leistung belohnt, aber auch dem Staat gibt, was des Staates ist. Wir brauchen einen nationalen Aufbruch für Bildung, Forschung und Familie, der unserer Gesellschaft Zukunftsglauben und Zusammenhalt gibt. Und wir brauchen die Modernisierung der bundesstaatlichen Ordnung, um die Reformfähigkeit unseres Landes zu stärken. (…)

Ich bin zutiefst davon überzeugt, dass die nötige Energie, Kreativität und Solidarität in uns stecken. Ich glaube daran, dass die meisten Menschen ihr Glück nach ihren eigenen Vorstellungen machen wollen. Dieser Wille ist gut. Er braucht Freiheit, damit er sich entfalten kann. Und indem er sich entfaltet, bindet er sich auch. Er braucht eine Ordnung, die diese Verantwortung für sich und andere fördert und belohnt. Diese Ordnung der Freiheit sollte uns leiten. Das verlangt eine Rückbesinnung auf Ordnungspolitik.

Die Ordnung der Freiheit bedeutet: Die Bürger beauftragen den Staat, die Spielregeln zu setzen. Aber das Spiel machen die Bürger. Die Regeln lauten: Privateigentum und Vertragsfreiheit, Wettbewerb und offene Märkte, freie Preisbildung und ein stabiles Geldwesen, eine Sicherung vor den großen Lebensrisiken für jeden und Haftung aller für ihr Tun und Lassen. Der moderne Sozialstaat schützt vor Not; aber er gaukelt nicht vor, dem Einzelnen den einmal erreichten Lebensstandard garantieren zu können.

Auf diese Regeln muss Verlass sein. Die Bürger müssen wissen, was auf sie zukommt. Ohne Verlässlichkeit kein Vertrauen. Ohne Vertrauen kein Aufschwung.

Ich habe in den vergangenen Monaten viele Briefe von Bürgerinnen und Bürgern bekommen, die mir verzweifelt von ihrer Suche nach einem Arbeitsplatz berichten. Diese Menschen wollen arbeiten. Angesichts der Lage auf dem Arbeitsmarkt brauchen wir in Deutschland jetzt eine politische Vorfahrtsregel für Arbeit. Was der Schaffung und Sicherung wettbewerbsfähiger Arbeitsplätze dient, muss getan werden. Was dem entgegensteht, muss unterlassen werden. Was anderen Zielen dient, und seien sie noch so wünschenswert, ist nachrangig. Eine solche Grundeinstellung wünsche ich mir von allen, die politische Verantwortung tragen. Dabei müssen wir wissen, dass wir die Massenarbeitslosigkeit nicht schnell überwinden können. Aber wenn die Vorfahrtsregel wirklich beherzigt wird, dann können die Arbeitslosenzahlen bald wieder sinken. Und zwar dauerhaft.

Die Gewerkschaften haben in den letzten Jahren Lohnzurückhaltung geübt. Damit haben sie einen wichtigen Beitrag zur Verbesserung der Wettbewerbsfähigkeit geleistet. Das verdient Anerkennung. Dieser Pfad muss fortgesetzt werden. Aber wir sind bei dem Kernproblem, den zu hohen Lohnnebenkosten, noch nicht wirklich weitergekommen. Sie haben Arbeit in Deutschland so teuer gemacht, dass viele Menschen kaum noch eine Chance auf einen Arbeitsplatz haben. Wissenschaftliche Studien belegen, dass eine Senkung der Sozialbeiträge nachhaltig zu neuen Arbeitsplätzen führt. Am wirkungsvollsten wäre es, die Kosten der sozialen Sicherung völlig vom Arbeitsverhältnis abzukoppeln.

Die Lohnkosten sind nicht nur wegen der hohen Sozialabgaben so hoch. Mehr als die Hälfte der Lohnnebenkosten beruht auf Tarifverträgen. Zu lange wurden solche Verträge zu Lasten Dritter abgeschlossen – zu Lasten der Arbeitslosen und der Steuerzahler. Und die Arbeitgeberverbände saßen dabei immer mit am Tisch.

Die hohen Lohnnebenkosten sind gerade für die Geringqualifizierten eine unüberwindbare Barriere, einen neuen Arbeitsplatz zu finden. Ich glaube, dass wir das Instrument der Lohnkostenzuschüsse noch nicht ausreichend genutzt haben. Ich weiß, die bisherigen zaghaften Versuche haben nicht die gewünschten Erfolge gebracht. Davon sollten wir uns aber nicht entmutigen lassen, sondern in diesem schwierigen Bereich des Arbeitsmarktes weiter nach Lösungen suchen. (...)

Mittlerweile ist anerkannt, dass es zur Sicherung von Beschäftigung vor allem auf Flexibilität ankommt. In dieser Hinsicht hat sich viel getan. Die »atmenden Fabriken« in der Automobilindustrie zum Beispiel zeigen, wie mit intelligenten Arbeitszeitmodellen die Stundenzahl der Nachfrage angepasst werden kann. Solche und andere betriebliche Beschäftigungsbündnisse sorgen für Flexibilität. Darum ist es wichtig, ihren Abschluss zu erleichtern – sei es nun tarifvertraglich oder gesetzlich. Das sichert und schafft Arbeitsplätze und zieht Investoren an.

Und noch etwas: Von den Menschen über 55 haben in Deutschland nur noch 40 Prozent einen Arbeitsplatz, in der Schweiz dagegen sind es fast 70 Prozent. Das kann nicht an den Menschen liegen, denn so verschieden sind Deutsche und Schweizer nun wirklich nicht. Wir können es uns nicht leisten, auf das Wissen und die Erfahrung der Älteren zu verzichten. Es gibt darum insgesamt nur einen vernünftigen Weg: Alle Regelungen für den Arbeitsmarkt, ob gesetzlich oder tariflich, müssen darauf überprüft werden, ob sie Beschäftigung fördern. (…)

Niedrigere Arbeitskosten, ein flexibler Arbeitsmarkt, ein vernünftiges Steuersystem und deutlich weniger Bürokratie: All das wird uns helfen, unsere Wettbewerbsfähigkeit weiter zu verbessern. Aber gerade weil wir das Lohnniveau in Deutschland nicht auf das von Polen oder China absenken wollen und können, braucht eine Strategie für mehr Arbeit in Deutschland noch ein zweites Standbein, und das sind Innovationen. Dafür sind Bildung, Wissenschaft und Forschung der Schlüssel.

Ein Land der Ideen habe ich es genannt – andere nennen es Wissensgesellschaft: Nur mit ständig erneuertem Wissen, das wir schnell in Entwicklung und Produktion umsetzen, werden wir uns in der Welt der Globalisierung behaupten. Wir müssen um so viel besser sein, wie wir teurer sind. Wir brauchen Lehrer, die darauf brennen, ihren Schülern etwas beizubringen – und Schüler, die sich begeistern lassen. Wir brauchen

Eltern, die ihre Kinder zur Wissbegierde erziehen und auch einmal verstehen, wenn nach dem Experimentieren der Teppich ein Loch hat. Wir brauchen Ausbilder, die Freude daran wecken, ein Handwerk wirklich zu beherrschen. So kommen solides Wissen und kritisches Denken, Neugier und Experimentierfreude in die Welt.

Dafür liefert unser Bildungssystem heute nicht mehr die Grundlage. Fast 9 Prozent aller Schülerinnen und Schüler – das sind jährlich rund 85 000 – bleiben ohne Abschluss. Unternehmer klagen darüber, dass immer mehr Bewerber nicht richtig rechnen und schreiben können. Unsere Schulen und Universitäten sind im internationalen Vergleich bloß noch Mittelmaß. Wie lange wollen wir noch zusehen?

Dabei gibt es doch über die nötigen Änderungen im Bildungsbereich wachsende Einigkeit: früheres Lernen, mehr individuelle Förderung, vergleichbare und international anerkannte Bildungsstandards, mehr Wettbewerb und Autonomie der einzelnen Schulen und Universitäten, Förderung in der Breite und an der Spitze, lebenslanges Lernen. Umso unverständlicher ist der fortwährende Kompetenzstreit in Fragen von Bildung, Wissenschaft und Forschung zwischen Bund und Ländern. Und erst recht kann mir niemand begreiflich machen, dass an diesem Streit die Föderalismusreform scheitern soll. Unser Land braucht bei Bildung, Wissenschaft und Forschung keine Querelen, sondern rasches Handeln. (…)

Vertrauen wir also auf unser Land und arbeiten wir alle an dem großen Reformwerk mit. Wir haben das Zeug dazu, die Ordnung der Freiheit gemeinsam wieder aufzubauen. Wir schaffen es, wenn jeder mitmacht. Ich spüre überall: Die Menschen sind bereit, mitzuziehen. (…)

## »Begabung zur Freiheit«

**Rede im Plenarsaal des Deutschen Bundestags zum 60. Jahrestag des Endes des Zweiten Weltkriegs in Europa am 8. Mai 2005**

(…) Am 8. Mai 1945 hatte die Wehrmacht bedingungslos kapituliert. Die Waffen schwiegen. Die meisten Deutschen waren erleichtert darüber. Zugleich waren sie wie betäubt von der Wucht der Niederlage und fragten sich bang, welches Schicksal sie nun erwartete.

Die Völker und die Menschen, die unter dem so genannten »Dritten Reich« gelitten hatten, empfanden beim Untergang der Naziherrschaft Freude und Genugtuung. Aber Europa hatte Furchtbares erlebt, ehe dieser Sieg errungen war. Es war in einen Kontinent der Massengräber, der Todeslager und der Trümmer verwandelt. Millionen Soldaten aller Nationen waren gefallen. Auf Europas Straßen zogen Hunderttausende entwurzelter und verzweifelter Menschen, und in den so furchtbar zerstörten Städten wie Warschau, Caen und Kiew waren fast nur noch die Keller bewohnbar. Auch brachte das Ende des Krieges noch lange nicht das Ende des Leids: In den befreiten Konzentrationslagern, in den Lazaretten und in den Krankenhäusern starben weiter Menschen an ihren Entbehrungen und Wunden. Im Osten gingen die Bevölkerungsverschiebungen weiter, und die gewaltsame Vertreibung der Deutschen hatte gerade erst begonnen. Die Länder Mittel- und Osteuropas gingen Jahrzehnten neuer Unfreiheit entgegen.

Im Grunde wirkt das Unglück, das Deutschland über die

Welt gebracht hat, bis heute fort: Noch immer weinen Söhne und Töchter um Eltern, die damals getötet wurden, noch immer leiden Menschen unter ihren damaligen Erlebnissen, und noch immer trauern ungezählte Menschen in vielen Ländern um den Verlust ihrer Heimat. Hier bei uns in Deutschland hat jeder Verwandte oder Bekannte, die erlebt und erlitten haben, was in jener Zeit geschah. In jeder deutschen Familie gibt es Erzählungen darüber, denn alle waren betroffen.

Wir Deutsche blicken mit Schrecken und Scham zurück auf den von Deutschland entfesselten Zweiten Weltkrieg und auf den von Deutschen begangenen Zivilisationsbruch Holocaust. Wir gedenken der 6 Millionen Juden, die mit teuflischer Energie ermordet wurden, oft nach Jahren öffentlich sichtbarer Entrechtung. Solange es Menschen gibt, wird dieses Grauen jedes fühlende Herz und jeden wachen Sinn bewegen.

Wir gedenken der Sinti und Roma, der Kranken und Menschen mit Behinderung, der politisch Andersdenkenden und der Homosexuellen, die verfolgt und ermordet wurden. Wir gedenken der vielen Millionen Menschen, die darüber hinaus dem deutschen Wüten vor allem in Polen und in der Sowjetunion zum Opfer fielen. Wir fühlen Abscheu und Verachtung gegenüber denen, die durch diese Verbrechen an der Menschheit schuldig geworden sind und unser Land entehrten.

Wir trauern um alle Opfer Deutschlands – um die Opfer der Gewalt, die von Deutschland ausging, und um die Opfer der Gewalt, die auf Deutschland zurückschlug. Wir trauern um alle Opfer, weil wir gerecht gegen alle Völker sein wollen, auch gegen unser eigenes.

Wir gedenken des Leids der Zivilbevölkerung in allen Ländern. Wir gedenken der in deutscher Gefangenschaft umgekommenen Millionen Soldaten und der Millionen, die zur

Zwangsarbeit nach Deutschland verschleppt wurden. Wir gedenken der mehr als eine Million Landsleute, die in fremder Gefangenschaft starben, und der Hunderttausende deutscher Mädchen und Frauen, die zur Zwangsarbeit in die Sowjetunion verschleppt wurden. Wir gedenken des Leids der deutschen Flüchtlinge und Vertriebenen, der vergewaltigten Frauen und der Opfer des Bombenkriegs gegen die deutsche Zivilbevölkerung.

Wir haben die Verantwortung, die Erinnerung an all dieses Leid und an seine Ursachen wachzuhalten, und wir müssen dafür sorgen, dass es nie wieder dazu kommt. Es gibt keinen Schlussstrich. (...)

Wenn wir heute auf die vergangenen sechzig Jahre zurückblicken, empfinden wir Dankbarkeit allen gegenüber, die uns beim Aufbau der Bundesrepublik Deutschland geholfen haben. Wir haben aber auch die Gewissheit, dass wir Deutsche den Weg zu unserer freien und demokratischen Gesellschaft aus eigener Begabung zur Freiheit gegangen sind.

Wir werden die zwölf Jahre der Nazidiktatur und das Unglück, das Deutsche über die Welt gebracht haben, nicht vergessen, im Gegenteil: Wir fassen gerade aus dem Abstand heraus viele Einzelheiten schärfer ins Auge und sehen viele Zusammenhänge des damaligen Unrechts besser. Aber wir sehen unser Land in seiner ganzen Geschichte, und darum erkennen wir auch, an wie viel Gutes wir Deutsche anknüpfen konnten, um über den moralischen Ruin der Jahre 1933 bis 1945 hinauszukommen. Unsere ganze Geschichte bestimmt die Identität unserer Nation. Wer einen Teil davon verdrängen will, der versündigt sich an Deutschland.

Wenn wir den Weg sehen, den wir seit 1945 zurückgelegt haben, dann erkennen wir auch die Kraft, die wir aufbringen können. Das macht uns Mut für die Zukunft.

Sechzig Jahre nach dem Zweiten Weltkrieg steht unser Land vor mancher Schwierigkeit – wie andere Länder übrigens auch –, aber: Deutschland ist eine stabile Demokratie. Unser Land ist vielgestaltiger und weltoffener als jemals zuvor. Wir haben uns als Nation wiedergefunden. Unser Miteinander in Einigkeit und Recht und Freiheit ist unangefochten. Deutschlands Bürger achten auf soziale Gerechtigkeit, und sie halten zusammen, wenn es darauf ankommt.

Es gibt bei uns leider auch Unbelehrbare, die zurückwollen zu Rassismus und Rechtsextremismus. Aber sie haben keine Chance. Dafür steht die überwältigende Mehrheit der mündigen Bürgerinnen und Bürger, und dafür steht unsere wehrhafte Demokratie.

Unser Land hält Maß und hat Gewicht. Wir werden in der Welt geachtet und gebraucht. Die Bundeswehr hilft weltweit, den Frieden zu sichern und die Menschenrechte durchzusetzen. Unsere Entwicklungszusammenarbeit wird geschätzt. Und überall können Menschen in Not auf die Hilfsbereitschaft der Deutschen zählen.

Wir haben heute guten Grund, stolz auf unser Land zu sein. Das Erreichte ist undenkbar ohne die Lehren, die wir gezogen haben, und es ist das Ergebnis ständiger Anstrengung. Wir müssen diese Lehren weiter beherzigen und uns weiter anstrengen, dann werden wir mit unseren Kräften auch künftig zum Guten wirken. (…)

## *»Ich habe den Bundestag aufgelöst«*

**Fernsehansprache am 21. Juli 2005**

Liebe Mitbürgerinnen und Mitbürger,
ich habe heute den 15. Deutschen Bundestag aufgelöst und Neuwahlen für den 18. September angesetzt.

Unser Land steht vor gewaltigen Aufgaben. Unsere Zukunft und die unserer Kinder stehen auf dem Spiel. Millionen von Menschen sind arbeitslos, viele seit Jahren. Die Haushalte des Bundes und der Länder sind in einer nie da gewesenen kritischen Lage. Die bestehende föderale Ordnung ist überholt. Wir haben zu wenig Kinder, und wir werden immer älter. Und wir müssen uns im weltweiten, scharfen Wettbewerb behaupten.

In dieser ernsten Situation braucht unser Land eine Regierung, die ihre Ziele mit Stetigkeit und mit Nachdruck verfolgen kann. Dabei ist die Bundesregierung auf die Unterstützung durch eine verlässliche, handlungsfähige Mehrheit im Bundestag angewiesen.

Der Bundeskanzler hat am 1. Juli vor dem Bundestag deutlich gemacht, dass er mit Blick auf die knappen Mehrheitsverhältnisse keine stetige und verlässliche Basis für seine Politik mehr sieht. Ihm werde mit abweichendem Abstimmungsverhalten und Austritten gedroht.

Loyalitätsbekundungen aus den Reihen der Koalition hält der Bundeskanzler vor dem Hintergrund der zu lösenden Probleme nicht für dauerhaft tragfähig. Die Lagebeurteilung des Bundeskanzlers hat mir auch der Vorsitzende der SPD-Fraktion aus seiner Sicht bestätigt. (…)

Das Grundgesetz ermöglicht es dem Bundeskanzler, eine parlamentarische Vertrauensfrage mit dem Ziel zu stellen, vorgezogene Wahlen herbeizuführen. In der Geschichte der Bundesrepublik Deutschland war dies zweimal der Fall: 1972 und 1983. Eine Niederlage des Bundeskanzlers bei dieser Abstimmung allein reicht jedoch nicht aus, um den Bundestag aufzulösen. Die politischen Kräfteverhältnisse im Bundestag müssen seine Handlungsfähigkeit so beeinträchtigen oder lähmen, dass er eine von stetiger Zustimmung der Mehrheit getragene Politik nicht sinnvoll verfolgen kann. So gibt es das Bundesverfassungsgericht vor. Und so sieht der Bundeskanzler seine Lage.

Nach der Entscheidung des Bundesverfassungsgerichts aus dem Jahr 1983 hat der Bundespräsident die Einschätzung des Bundeskanzlers zu beachten, es sei denn, eine andere Einschätzung ist eindeutig vorzuziehen. Ich habe Respekt vor allen, die gezweifelt haben, und ich habe ihre Argumente gehört und ernsthaft gewogen. Doch ich sehe keine andere Lagebeurteilung, die der Einschätzung des Bundeskanzlers eindeutig vorzuziehen ist. Ich bin davon überzeugt, dass damit die verfassungsrechtlichen Voraussetzungen für die Auflösung des Bundestages gegeben sind.

Damit ist es nach dem Grundgesetz meine Pflicht als Bundespräsident zu entscheiden, ob ich Neuwahlen ansetze oder nicht. In meiner Gesamtabwägung komme ich zu dem Ergebnis, dass dem Wohl unseres Volkes mit einer Neuwahl jetzt am besten gedient ist. (…)

9
# Lebenslauf

Professor Dr. rer. pol. Horst Köhler

**22. Februar 1943**
Als siebtes von acht Kindern in Skierbieszow in Polen geboren; evangelisch.
Die Eltern waren deutschstämmige Bauern im rumänischen Bessarabien. 1940 musste Rumänien aufgrund des Hitler-Stalin-Pakts Bessarabien an die Sowjetunion abtreten. Die Köhlers wurden ebenso wie andere »Volksdeutsche« zwangsweise in das von der Wehrmacht besetzte Polen umgesiedelt.

**1944**
Flucht der Familie vor den anrückenden sowjetischen Truppen nach Markkleeberg-Zöbigker bei Leipzig.

**Ostern 1953**
Flucht der Familie nach Westberlin.

**1953 bis 1957**
Die Familie lebt in verschiedenen Flüchtlingslagern in der Bundesrepublik.

**1957**
Die Köhlers finden im schwäbischen Ludwigsburg eine neue Heimat.

**1963**
Abitur am Mörike-Gymnasium in Ludwigsburg.

**1963 bis 1965**
Soldat auf Zeit (24 Monate) bei den Panzergrenadieren; Leutnant der Reserve.

**1965 bis 1969**
Studium der Wirtschaftswissenschaften an der Eberhard-Karls-Universität in Tübingen. Abschluss nach neun Semestern als Diplom-Volkswirt mit der Note »gut«.

**1969 bis 1976**
Wissenschaftlicher Referent am Institut für Angewandte Wirtschaftsforschung Tübingen.

**1969**
Heirat mit der Lehrerin Eva Luise Bohnet aus Ludwigsburg.

**1973**
Geburt der Tochter Ulrike.

**1976**
Eintritt in die Grundsatzabteilung des Bundesministeriums für Wirtschaft in Bonn (Wirtschaftsminister: Otto Graf Lambsdorff, FDP).

**1977**
Promotion zum Dr. rer. pol. an der Universität Tübingen mit einer Arbeit über die Freisetzung von Arbeit durch technischen Fortschritt. Note: »magna cum laude«.

**1977**
Geburt des Sohnes Jochen.

**1981 bis 1982**
Referent beim Ministerpräsidenten von Schleswig-Holstein, Gerhard Stoltenberg (CDU), in Kiel.

**Dezember 1981**
Eintritt in die CDU.

**November 1982**
Redenschreiber des neuen Bundesfinanzministers Gerhard Stoltenberg, später Leiter des Ministerbüros. Im Laufe der Zeit übernahm Köhler andere Aufgaben im Finanzministerium, unter anderem die Leitung der Grundsatzabteilung (1987) und der Abteilung Geld und Kredit (1989).

**Januar 1990**
Ernennung zum Staatssekretär im Bundesministerium für Finanzen. Zuständig unter anderem für die Grundsatzabteilung, die Währungspolitik und die Treuhandanstalt (Finanzminister: Theo Waigel, CSU).

**1990 bis 1993**
Als Staatssekretär verhandelt Köhler mit der DDR über die deutsch-deutsche Währungsunion und mit der Sowjetunion über das Überleitungsabkommen für den Abzug der sowjetischen Truppen aus Ostdeutschland.
Außerdem ist Köhler deutscher Chefunterhändler beim Maastricht-Vertrag und persönlich Beauftragter (»Sherpa«) von Bundeskanzler Helmut Kohl (CDU) bei den G-7-Wirtschaftsgipfeln.

**August 1993**
Aus familiären Gründen scheidet Köhler aus der Bundesregierung aus und wird Präsident des Deutschen Sparkassen- und Giroverbandes.

**September 1998**
Auf Vorschlag von Bundeskanzler Kohl wird Köhler Präsident der Europäischen Bank für Wiederaufbau und Entwicklung in London.

**Mai 2000**
Auf Vorschlag von Bundeskanzler Gerhard Schröder (SPD) wird Köhler Geschäftsführender Direktor des Internationalen Währungsfonds (IWF).

**Oktober 2003**
Honorarprofessor der Universität Tübingen.

**4. März 2004**
CDU, CSU und FDP nominieren Horst Köhler zum Kandidaten für die Wahl des Bundespräsidenten.

**23. Mai 2004**
Die Bundesversammlung wählt Horst Köhler mit 604 von 1204 Stimmen zum Bundespräsidenten. Auf die Kandidatin der Opposition, Gesine Schwan, entfallen 589 Stimmen. CDU, CSU und FDP stellen insgesamt 622 Wahlmänner und -frauen.

**1. Juli 2004**
Horst Köhler wird als Bundespräsident vereidigt und tritt sein Amt an.

# Register

# Bildquellen

AFP: 8 o., 8 u.
AP: 7 o.
ddp: 3 o., 9 u., 10 o., 10 u., 16 o.
Mit Genehmigung von Gert Herbst: 1 o.
picture-alliance: 6 u.
teutopress: 16 u.
ullstein-BPA: 7 u.
Bundesbildstelle, Presse- und Informationsamt der Bundesregierung: 11 o.–15 u.

Alle übrigen Abbildungen stammen aus dem Privatarchiv Horst Köhlers.

Die Seitenangaben beziehen sich auf den Tafelteil.